DAS IST UNSER BIER.

EIN STREIFZUG DURCH BRAUEREIEN IN SÜDWESTSACHSEN

Das ist unser Bier.

LARS ROSENKRANZ | JENS KRAUS

EIN STREIFZUG DURCH BRAUEREIEN
IN SÜDWESTSACHSEN

CHEMNITZER VERLAG

IMPRESSUM

Das ist unser Bier - Ein Streifzug durch Brauereien in Südwestsachsen

Mit Texten und Fotos von Lars Rosenkranz und Jens Kraus.
Mitarbeit: Karina Franzke, Stefanie Urlaß, Matthias Zwarg.

Alle Angaben wurden sorgfältig recherchiert. Dennoch kann der Verlag keine Gewähr übernehmen.

© Chemnitzer Verlag
1. Auflage, 2011

Layout: Ingolf Höhl
Gesamtherstellung: Westermann Druck Zwickau GmbH

www.chemnitzer-verlag.de

ISBN 978-3-937025-62-9

VORWORT

**Sehr geehrte Leserinnen und Leser,
liebe Bierfreunde.**

Mit dem vorliegenden Buch möchten wir, die Autoren, möchte der Chemnitzer Verlag Sie auf Entdeckungsreise schicken: Zur Brauerei-Tour durch Mittelsachsen!

Es ist ganz erstaunlich, in wie vielen Orten unserer schönen Region Bier gemacht wird. Da gibt es das Vogtland mit Wernesgrün, seit über 500 Jahren schon stetig sprudelnder Quell eines frisch-herben Hellen. In Chemnitz begeistert ein Gerstensaft-Individualist seine Gäste in kleiner Hausbrauerei mit charakterstarken Eigenmarken. Die Wappenfigur des Mauritius avanciert in Zwickau zum Namenspatron von muldestädtischem Pils und Bock. Die Freiberger gerieren sich vornehm; lassen Prinzen Loblieder aufs kühle Blonde singen. Und im Erzgebirge gibt es eine Specht-Art, die nicht klopft, sondern zischt!

Das extra Schöne an derlei Vielfalt: Man kann sie nicht nur geschmacklich erkunden, sondern den Brauern bei ihrer Arbeit auch ganz offiziell auf die Finger sehen. Wohl kein anderes Handwerk ist derart stets auf Besucher eingestellt. Dabei ist es im Grunde egal, in welche Jahreszeit Sie ihre Genuss-Exkursionen legen: Die meisten Biere werden kontinuierlich zwölf Monate lang hergestellt. Und saisonal gebraute Spezialitäten gelten als zusätzlicher Gaumenkitzel, sei es nun Märzen oder Maibock, Hollerbräu, Sommer-Weizen, Doppel-Bock oder Winterbier.

Bei der Vorstellung der einzelnen Häuser können wir keinen Vollständigkeit garantieren. Auch haben wir bewusst keine Bier-Sensorik betrieben.

Denn auf den Geschmack sollen Sie selbst kommen! Es hätte ohnehin den Rahmen der Kapitel gesprengt, die gut 150 verschiedenen Sorten der hier vorgestellten Brauereien jeweils en Detail zu beschreiben. Freuen Sie sich daher auf eine prickelnde Versuchung ihrer fünf Sinne. Denn Bier kann man sehen, riechen, schmecken, fühlen und sogar hören!

Soviel können wir Ihnen vorab garantieren: Es wird eine unterhaltsame, spannende und auch nahrhafte Tour – mit einer bunten Palette in Sachen Aroma, Farbe und Geschmack. Über Letzteren lässt sich bekanntlich streiten. Daher enthalten wir uns jeglicher Wertung, geben Ihnen aber eine alte Brauer-Weisheit mit auf den Weg: Je länger die Haltbarkeit eines Bieres, umso höher ist in der Regel sein Hopfenanteil, und umso niedriger ist die Zahl seiner Inhaltsstoffe. Lange haltbare Biere sind fast immer untergärig und gefiltert. Feinschmecker orientieren sich bei der Wahl ihres Favoriten daher oft an der Haltbarkeit einer Charge. Denn je kürzer diese, umso mehr Inhaltsstoffe sind in den (meist ungefilterten) Bieren enthalten – und gerade diese bewirken eine intensive aromatische Breite.

Und nun wünschen wir unterhaltsame Stunden – sowohl bei der Lektüre wie auch beim Besuch der Brauereien. Man erwartet Sie! Fragen Sie den dort beschäftigten Menschen ruhig „Löcher in den Bauch". Mit Begeisterung und Stolz werden sie Ihnen von dem erzählen, was ihr täglich Brot ist: Bier. Und Sie einladen, das Blonde, das Schwarze, das Braune zu kosten.

Sehr zum Wohl! *Lars Rosenkranz*

INHALT

*   *Texte und Fotos: Lars Rosenkranz*
**   *Texte und Fotos: Jens Kraus*
*** *Text: Jens Kraus; Fotos: FreibergerBrauhaus GmbH/Eckhardt Mildner*

Historischer Läutergrant zum Ziehen von Bierproben in der Chemnitzer Braustolz-Brauerei.

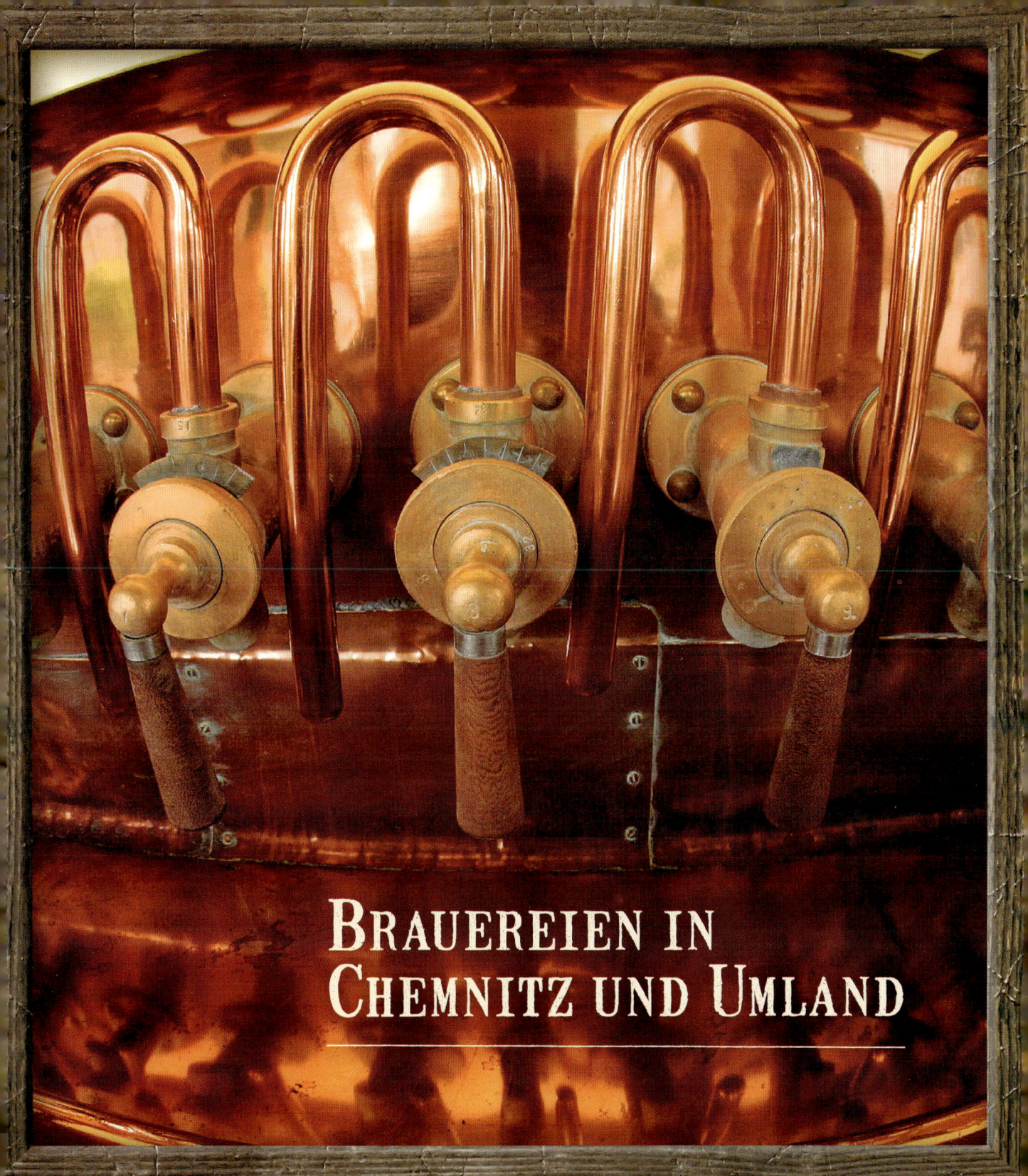

Brauereien in Chemnitz und Umland

BIERTRANSPORT MIT 2 PS

TRADITIONSBRAUEREI BRAUSTOLZ, CHEMNITZ

Wenn Fuhrmann Lutz Klein im Sommer morgens früh um Sieben sein Gespann anschirrt, dann hat die Sonne ihre erste Schicht über Chemnitz schon vollbracht. Nun steigt sie über die Häuserzeilen an der Zwickauer Straße, und Klein kutschiert mit seinen zwei Braunen hinüber über den Kappeler Bach zum Versand der Braustolz-Brauerei. Er ist einer von wenigen Fuhrleuten in Sachsen, die das viel gelobte „kühle Blonde" tatsächlich noch mit zwei Pferdestärken in Getränkemärkte der näheren Umgebung ausliefert – ein Hauch von Nostalgie im Schatten der weißen Dampf-Fahnen, die aus den Schloten der Brauerei wehen.

Hier wird seit über 120 Jahren Gerstenmalz mit Wasser vermaischt und dann mit Hopfen gewürzt. Die großen, blank geputzten Kessel im alten Sudhaus sieht man schon von der Straße aus rot-gold funkeln. Hier ist das historische Zentrum der Chemnitzer Traditionsbrauerei, die im Jahre 1868 von Friedrich August Kupfer aus der Taufe gehoben wurde. Das Sudhaus in heutiger Form wurde 1938, schon nach dem Wirtschaftsboom der „Goldenen Zwanziger", erbaut. Aus dieser Zeit stammt auch die alte Wanduhr, deren tonlasiertes Ziffernblatt von stilisierten Hopfenblüten umrankt ist.

Die Kupferkessel sind nicht nur etwas fürs Auge, sie beinhalten auch viel für den Gaumen – und für die Nase: Wer als Bier-Tourist hier ankommt, kann sich anhand des blanken Edelmetalls und des würzig-malzigen Dufts gleich viel besser vorstellen, wie in diesen Kesseln der Sud durch Hopfen seine feinherbe Geschmacksnuance annimmt. Braumeister Kay-Uwe Jüttner startet die Brauereiführung gern hier, wo man gleich so vollkommen auf das „Erlebnis Bier" eingestimmt wird. Dann geht es eine Treppe höher in die historisch belassene Brauereistube, wo der Gast ein bisschen Theorie über Wasser, Hefe, Hopfen und Malz erfährt – auch bei Braustolz wird nach dem Deutschen Reinheitsgebot gebraut. Wie das im Großen aussieht, sieht man anschließend während des anderthalbstündigen Rundganges, dessen weitere Stationen der Gärkeller, das Maschinenhaus, das Kesselhaus und auch die Filtrationstürme sind. In den Edelstahltanks gären und reifen insgesamt elf Biere verschiedener Ausprägung – vom Klassiker „Pils" über „Black Art" bis hin zur Premium-Marke „Kappler Braumeister". Letztere übrigens ist ein werbetechnischer Griff in die viel zitierte „Kiste", ein Bier mit Retro-Klassik. Denn der „Braumeister" war zu DDR-Zeiten ein gefragtes Delikat-Bier,

Braumeister Kay-Uwe Jüttner im historischen Sudhaus der Braustolz-Brauerei Chemnitz.

vielerorts leider nur unter dem berüchtigten Ladentisch zu bekommen... Aber da wir gerade bei (N)Ostalgie sind: Wer mag, kann sich noch intensiver davon verzücken lassen – und ein Kombiticket lösen, dass zum Einen zur Mitfahrt im historischen Straßenbahnwagen „LOWA" berechtigt. Start ist immer dienstags um 17 und 19 Uhr am Straßenbahndepot Chemnitz-Kappel, von dort chauffiert ein Schaffner die Gäste eine Runde durch die Stadt. Anschließend geht es zur abendlichen Bier-Tour durch die Brauerei. Und der Kellermeister versichert, dass dabei weder Augen noch Kehlen trocken bleiben...

◇

Braustolz GmbH, Am Feldschlößchen 18, Chemnitz-Kappel
www.braustolz.de
Anmeldungen zur Brauereiführung acht Tage im voraus über das Anmeldeformular auf der Homepage oder telefonisch unter 0371-36680.

Biere:

Unter dem Label Braustolz werden hergestellt: Spezial (feinherb-malzig), Pils (herb-frisch), Landbier (urig-mild), Lager (mild), Bock (kräftig-süffig), Radler, Diesel (Biermischgetränke mit Limetten- bzw. Colageschmack), Doppel-Caramell (alkoholfrei).
Als „Kappler" Spezialitäten gibt es ein saisonales Festbier sowie „Kappler Braumeister"; „Black Art" nennt sich das hauseigene Schwarzbier.

Historisches Firmen-Plakat von Braustolz.

Lutz Klein fährt noch wie in alten Zeiten das Bier mit zwei Pferdestärken aus.

KOSCHERES BIER UND ANDERE SPEZIALITÄTEN

BRAUHAUS HARTMANNSDORF

Jawohl: Zwei echte Majestäten haben auf dem Brauereigelände Hartmannsdorf schon Visite gemacht: Queen Sirikit und Prinzessin Chulabhorn aus Thailand besuchten 1997 das Anwesen – wohl deshalb, weil die Brauerei damals noch zu einem thailändischen Unternehmen gehörte, nämlich zur „Boon Rawd Brewery Bangkok". Von derlei Exotik ist eine Erinnerung geblieben: Hinter dem Verwaltungsgebäude des seit 2006 wieder eigenständigen, nun von Ludwig Hörnlein geführten Unternehmens wächst seit dem hoheitlichen Besuch ein Magnolienbaum, den die Lady damals gepflanzt hat...

Das Biersortiment aus dem „Braha", wie das Brauhaus Hartmannsdorf in jugendmodischer Kurzsprache genannt wird, kommt zwar mit untergärigen Klassikern (Pils, Dunkel) eher bodenständig daher. Es hat allerdings auch eine Ausnahme zu bieten, die bei ihrer Markteinführung 2007 für Schlagzeilen und Diskussionen sorgte, sich seitdem aber dennoch in ihrer Marktnische behaupten konnte. Diese Ausnahme wird unter dem Namen „Simcha", verkauft, was der hebräischen Sprache entstammt und „Freude" bedeutet. Simcha ist ein koscheres Bier; es richtet sich vor allem an jüdische Verbraucher. Seine Reinheit attestiert Rabbiner Yitzhak Ehrenberg.

Nun ist aber jedes Bier, welches nach dem deutschen Reinheitsgebot gebraut wird, von Natur aus sowieso „koscher". Doch hier geht die Kontrolle über den Brauvorgang hinaus: Auch Anbau und Verarbeitung der Rohstoffe müssen den strengen Vorschriften von Thora und Talmud entsprechen.

Der Besucher des Braukomplexes wird zunächst im Verwaltungsgebäude empfangen, dann geht es hinüber ins Brauzentrum, wo das Mitte der 1990er Jahre neu gebaute Sudhaus zum Schauen und Fotografieren einlädt. Vielleicht lässt es die Gelegenheit zu, dort noch einen Blick ins Labor mit der eigenen Hefezucht zu werfen. Doch wahrscheinlicher ist wohl der direkte Gang vom Sudhaus in den Keller, wo die zahlreichen Kegelspitzen der Gärtanks gradezu wie gezüchtete Stahl-Stalaktiten in Reih und Glied von der Zimmerdecke herab reichen. Und obwohl all die blitzenden Behälter, Schalter, Rohre und Hähne eine durchwegs technische Sprache sprechen, bricht Ludwig Hörnlein an dieser Stelle dem handwerklichen Teil des Brauerberufes eine Lanze. Und verkündet, dass hier generell bei einer Temperatur von 8,5 Grad Celsius vergoren wird – jeweils acht Tage lang. Was eine Referenz ans Produkt ist, denn die niedrige Temperatur

erfordert zwar mehr Zeit (andere Anlagen setzen in zwei Tagen bei doppelter Temperatur durch), geht aber mit deutlich weniger Begleitprodukten einher, die bei der Gärung unerwünscht entstehen.

Wem solche Theorie schon zu trocken erscheint, der sollte die Führung unbedingt auf der gegenüberliegenden Straßenseite beenden. Dort kommt man dann nämlich endlich in den verdienten Genuss jener Spezialitäten, die bis dahin hinter Stahl und Riegel flossen. Das riesig anmutende Areal von Fachwerkgebäuden eines 500 Jahre alten, wunderschön restaurierten Vier-Seit-Bauernhofes beherbergt acht Gaststätten, in denen nahezu täglich Erlebnisgastronomie zelebriert wird: So gastiert regelmäßig das Kabarett „Fress-Brettl" auf der Bühne, und von Mittwoch bis Sonntag bittet man zum Tanz auf die Tenne. Fakt dabei ist: Braha-Bier wird auf allen Etagen serviert.

Im Gärkeller des Brauhauses Hartrmannsdorf entnimmt Mark Anton Hiller Proben aus den Biertanks für das Labor.

Hartmannsdorfer Brauhaus,
Chemnitzer Straße 5, 09232 Hartmannsdorf.
Telefon: 03722-71910
Internet: www.braha.eu

Sortiment: Hartmannsdorfer Pils, Hartmannsdorfer Gold, Hartmannsdorfer Jubiläumsbier, Hartmannsdorfer Bock, Hartmannsdorfer Black Lion, Mittweidaer Löwenbräu Pils, Simcha, GlühBo, Mittweidaer Löwenbräu Export, Hartmannsdorfer Alkoholfrei 0,0 %, Hartmannsdorfer Fassbrause, 2-l-Bügelverschluss handgezapfte Bierspezialität.

Veranstaltungen: jährlich an einem Wochenende Ende Mai oder Anfang Juni großes Brauerei- und Vereinsfest, am letzten Augustwochenende Schalmeien-Frühschoppen mit Kapellen aus der Region und Braha-Bieren auf dem Gelände der Brauerei

Ines Ullmann studiert Lebensmitteltechnik – hier arbeitet sie im Labor des Brauhauses.

Ludwig Hörnlein, Geschäftsführer des Hartmannsdorfer Brauhauses, an den Kältemaschinen der Traditionsbrauerei.

Der Eremit
mit der Schwalbe

Einsiedler Brauhaus

Zweierlei Besonderheiten bekommt man in den Oberstübchen des Einsiedler Brauhauses zu Gesicht: Rechts geht es hinauf auf den Schrotboden, wo einst wie heute Säcke mit Spezialmalzen lagern. In Reih und Glied stapeln sie sich unter Dach. Vorn werden sie von einer archaisch anmutenden Maschinenkonstruktion mit altertümlicher Transmission überragt. In Einsiedel wird das Spezialmalz noch mit dieser alten Seck-Mühle geschrotet – ein schöner Kontrast zum Rest der Produktionsanlagen, die sich sonst durchwegs in hygienischem Edelstahl-Outfit zeigen. Das beginnt gleich links vom Treppenhaus, wo der Besucher auf ein Gitterrost gelangt, durch das man gut 20 Meter in die Tiefe blicken kann. Die ungewöhnliche Perspektive wird in ihrer Wirkung noch verstärkt durch zahlreiche „nach innen" laufende Linien. Dies sind die Umrisse der aufrecht stehenden Gärbehälter, in denen Einsiedler Spezialiäten reifen: Sächsisch Landbier Klassisch, Zwickel und Schwarz, Sächsisch Heller Bock und Doppel-Bock, Sächsisch Pilsener Privat und Jubiläums-Pilsner und Sächsisch Hefeweizen Hell. Ab Mai 2011 gibt es dann noch das erste Orangenradler mit einer original Markenlimonade: Sächsisch Radler mit Sinalco. Auch eine Etage weiter unten schimmert matter

Edelstahl – dort stehen die gewaltigen Maisch,- Läuter- und Würzepfannen, in denen die Sude angesetzt und gebraut werden. Das Wasser dafür kommt zu großen Teilen aus den hauseigenen Brunnen – so garantiert man gleich bleibende Qualität. Kein Wunder daher, dass man den wertvollen Rohstoff besonders schützt und ihm ein eigenes Brunnenhaus gebaut hat.

Die Geschichte des Hauses beginnt im Jahre 1885, als der Chemnitzer Maschinenfabrikant Emil Schwalbe hier eine Brauerei gründet. Davon zeugen noch heute die zahlreichen Schwalben, welche man überall im Werk auf Zierfässern, Werbeschildern oder im Portalschmuck wieder findet – einst symbolisierten sie, wer im Haus das Sagen hatte.

Heute ist die Brauerei eine GmbH und das nach eigenen Angaben größte konzernunabhängige Brauhaus in den neuen Bundesländern. Die Geschäftsführung bemüht sich um kundennahes Wirtschaften; vermarktet das Haus als „Brauerei zum Anfassen", das sich den langen Traditionen der Region verpflichtet fühlt. Das Einsiedler Brauereifest jährlich im Juni ist seit Jahren ein Höhepunkt, der viele tausend Besucher anlockt. Sicher könnten Heimatforscher trefflich darüber streiten, ob Einsiedel nun zum Erzgebirge

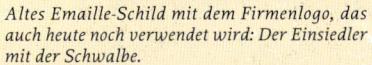

Altes Emaille-Schild mit dem Firmenlogo, das auch heute noch verwendet wird: Der Einsiedler mit der Schwalbe.

Einsiedler Brauhaus, Einsiedel.

Historische Ansicht der Einsiedler Brauerei Ende des 19. Jahrhunderts.

mit der Weißbier-Herstellung begann. Stattlich sind auch die aktuellen Produktionszahlen im Vergleich zum Beginn: Mit 5000 Hektoliter per Anno hatte es einst angefangen, heute verlassen jährlich 400.000 Hektoliter Bier die Abfüllung. Davon kommt eine kleine Auswahl des kompletten Sortiments in die Traditions-Stube, wo man nach absolviertem Rundgang zum proBIERen eingeladen ist....

◇

Einsiedler Brauhaus GmbH,
Einsiedler Hauptstraße 144, 09123 Chemnitz / OT Einsiedel
Internet: www.einsiedler.de,
Email: info@einsiedler.de

Sortiment: Einsiedler Sächsisch Landbier in den Varianten „Zwickel", „Klassisch" und „Schwarz", Einsiedler Sächsisch Weizen als „Weißbier hefetrüb" und „Cola-Weizen", Einsiedler Sächsisch Pils („Privat-Pils", „Jubiläums-Pils"), Einsiedler Sächsisch Bock als „Heller Bock", „Doppel-Bock", „Mai-Bock" und als „Bock Zwickel Adventsbier", Einsiedler Fassbrause

Veranstaltungen: jährlich Anfang April „Zwickelparty" mit frischem natürtrübem Bier Pilsener Art, immer am 1. Mai festliches Maibaum setzen mit Faßanstich im Bierzelt, jeweils zu Christi Himmelfahrt gibt es eine zünftige Männertagsparty, jährlich Mitte Juni großes Brauereifest

Brauereiführungen für Gruppen ab 10 Personen nach Voranmeldung (14 Tage), zirka 90 Minuten, mit Verkostung und optional Speisen, 2 – 5 Euro pro Person

gehört oder nicht. Seine ländliche Lage vor den Toren von Chemnitz jedenfalls unterstreicht die naturverbundene Kernaussage der Werbekampagnen. Und der alte weißbärtige „Einsiedler", einst charakteristische Markenfigur auf jedem Werbeschild, existiert zwar immer noch – ist aber kleiner geworden und ins Kopflogo gerückt, um dem geschwungenen Berg-und-Tal-Schriftzug des Namens Platz zu machen. Geblieben ist aber die Kunden-Nähe des Brauhauses - Ein Marketingbereich, den man in den Jahren seit der Wiedervereinigung konsequent ausgebaut hat. Dazu gehört auch die Installation eines kleinen Brauereimuseums, in dem sich die Entwicklung seit 1885 gut nachvollziehen lässt. Ein „Meilenstein" war sicher das Jahr 1998, in dem Einsiedel als erste Brauerei im Osten

Kunstvoll verzierter Deckel eines Bierfasses, im historischen Haupthaus in die Wand eingemauert.

Sören Pitro, Diplombraumeister, an der 100 Jahre alten Schrotmühle, mit der auch heute noch Spezialmalze zerkleinert werden.

Das moderne Sudhaus der Einsiedler Brauerei mit Maischepfanne und Läuterbottich.

Individualist mit schäumenden Ideen

Karls Brauhaus, Chemnitz

Wenn es nach Michael Friedrich ginge, würde er im Winter wahrscheinlich irgendwann einmal ein „Kokosnuss-Bock" und im Sommer womöglich „Bananen-Helles" brauen. Das klingt abenteuerlich, aber es ist nicht unmöglich. Der Gastronom, gelernter Brauer und Mälzer, ist Betreiber von „Karls Brauhaus" im Bauch der Chemnitzer Stadthalle. Und er beschreibt sich als Individualist, der ungern ausgetretenen Pfaden folgt sondern immer strebend sich bemüht, auch verrückteste Ideen umzusetzen.

Sein Handwerk hat er Anfang der 1990er Jahre mit einem Diplom an der TU Berlin „veredelt" und im Anschluss daran die erste Mini-Brauerei im Chemnitzer Schloßviertel eröffnet: das „Sudhaus". Dort hat er mit geradezu archaisch wirkendem Instrumentarium Bier gemacht; die Maische etwa im Kochtopf auf der Herdplatte zum Sieden gebracht – und damit einen umwerfenden Erfolg bei den Gästen verbucht. Das Lokal gibt es noch heute. Gebraut wird dort allerdings nicht mehr. Denn Michael Friedrich ist umgezogen. Wer daher in Chemnitz die urige Atmosphäre seiner Hausbrauerei erleben und das Bier aus eigener Produktion gleich geschmacklich erforschen möchte, für

den ist „Karls Brauhaus" in der Stadthalle eine Adresse, die es unbedingt anzusteuern gilt. Die Gastwirtschaft nimmt sich als ein rechter Anachronismus in dem von Beton starrenden Komplex aus, welcher äußerlich den spröden Charme sozialistischer Schmuckbauten ausstrahlt. Im Brauhaus steuert man der kalt wirkenden Fassade durch warmes Licht und sattbraune Holzmöbel entgegen, und auch die metallische Haube der Sudpfanne sowie die Ummantelung des Läuterbottichs – beide aus rotem Kupfer – lassen das Ambiente einladend erscheinen. Mobiliar und Interieur sind spätes 19., Anfang 20. Jahrhundert. Man sieht das Behältnis für die Maische, historische Mess- und Kontrollwerkzeuge, Malzsäcke, Holzfässchen, alte Gläser, Stechhähne und bauchige Flaschen – alles hübsch arrangiert. Vieles davon ist Zierde, aber das meiste regelmäßig in Gebrauch. Zum Beispiel, wenn Braumeister Friedrich sein „Rauchbier" macht, ein „Stout" ansetzt oder „Red Ale". Auch Kirschbier hat er schon vergoren oder – statt Hopfen – das exotische Gewürz Kardamom zum Aromatisieren verwendet.

Friedrich verkörpert den Typus eines kreglen Gastwirtes, der seine Besucher mit immer

Michael Friedrich in Karls Brauhaus setzt auf einfallsreiche Erlebnisgastronomie.

Ölgemälde in Karls Brauhaus mit einem vor hundert Jahren typischen vierspännigen Biertransport.

neuen Aktionen zu unterhalten weiß. Und Brauen betrachtet er weniger als konventionsschwangere, von lauter Geheimrezepturen umgebene „Wissenschaft". Vielmehr sieht er darin das gastronomische Mittel zum Zweck: einkehren, genießen, wohlfühlen. „Bier machen", so sagt er, „ist eine im Grunde simple Sache, ein Handwerk. Dazu braucht man keinen computergesteuerten Whirlpool und keinen Gärtank aus Edelstahl. Ein Gefäß zum Sieden, eins zum Läutern, einen Gärbottich – schon kann's los gehen!"

Mit solch markigen Erklärungen schwört der Meister auch die Besucher seiner Brau-Kurse ein, denen er im Verlauf von vier Stunden erklärt, worauf es grundsätzlich ankommt: Zunächst die in Getreiden vorhandene Stärke lösen – dazu müssen die Körner geschrotet und mit rund 50 Grad warmem Wasser versetzt werden. Dann die Temperatur über einen längeren Zeitraum – rund 1,5 Stunden – bis auf genau 78 Grad steigern, dabei wird die Stärke durch natürliche Enzyme in Malzzucker umgewandelt. Anschließend werden die festen Bestandteile (Treber) von der Würze getrennt und diese mit Hopfen (oder anderen Gewürzen) gekocht, dabei scheiden sich Eiweißstoffe als Schaum ab. Die Würze wird vom Schaum getrennt, gekühlt, in Gärbehälter gegeben und mit Hefe versetzt – binnen acht Tagen wandeln die Hefen den Malzzucker in Alkohol um – das Bier entsteht. Was so einfach klingt, das wird in Karls Brauhaus auch nicht komplizierter gemacht. Und weil der Spaß ja immer eine große Rolle spielt, lässt Friedrich seine Schüler brauen, wonach diesen der Sinn steht. Als Fachmann sichert er, dass am Ende auch ein schmackhaftes Bier dabei heraus kommt. Welches man dann idealer Weise zum „Schwarzbierfleisch mit grünem Pfeffer" verköstigt...

◇

Karls Brauhaus,
Brückenstraße 17, 09111 Chemnitz,
Fon: 0371-9093880
Internet: www.karls-brauhaus.de
Email: info@karls-brauhaus.de

Haus-Biere: Zwickelbier (Helles Pilsener Art, feinherb, unfiltriert), Karls Braunbier (mild, nach mittelalterlicher Tradition gebraut), Schwarzer Karl, Potsdamer (Biermix mit Himbeerfaßbrause), außerdem wechselnd Saison-Spezialbiere

Monatlich Abende mit Tanz- und/oder Livemusik, Termine im Internet.
Jährlich am Heiligabend geöffnet – dann gibt es für die Gäste ein Überraschungsbier.

Ausflugstipps der Umgebung: Rundgang durchs Chemnitzer Schloßviertel (1 km), Museum Gunzenhauser (1 km), Chemnitzer Industriemuseum (3 km)

Zierfass in der Traditionsstube von Karls Brauhaus.

Michael Friedrich beim Zapfen des selbst gebrauten Zwickel-Bieres.

Familien-Bräu in fünfter Generation

Brauerei Reichenbrand, Chemnitz

Starkes Traditionshandwerk und kaum Großindustrie vor den Toren des „sächsischen Manchesters"? Solches findet man im Chemnitzer Westen nur an wenigen Stellen. Zum Beispiel in Reichenbrand. Jener Ortsteil der früher eigenständigen Stadt Siegmar-Schönau, welche 1950 zu Chemnitz eingemeindet wurde, galt ab dem 19. Jahrhundert als ein ideales Ausflugsziel für die fabrikmüden Städter: Man erreichte ihn vom Chemnitzer Zentrum aus sowohl per pedes als auch mit dem Fahrrad in recht kurzer Zeit. Heute fährt man auch bequem mit der Straßenbahn hierher – zum Beispiel um einen Bummel durch den Chemnitzer Tierpark zu machen, dessen Hauptportal in der Nevoigtstraße liegt. Außerdem bot Reichenbrand bis in die 1960er Jahre ja noch regelrecht ländlichen Reiz – und hatte um die Jahrhundertwende sogar eine echte Attraktion für Jung und Alt vorzuweisen: die Sommerrodelbahn.

Dem Sommer mit seinen heißen Tagen ist es vielleicht generell zu verdanken, dass es ein eigenständiges Reichenbrander Bier gibt. Jedenfalls wusste ein gewisser Karl Friedrich Hofmann ab 1874 dem ständig steigenden Erfrischungsbedarf der Ausflügler mit einer Brauerei nebst zugehörigem Ausschank zu begegnen –

direkt an der Landstraße nach Zwickau. Das war die Geburtsstunde eines Privatunternehmens, welches heute Familienbetrieb in fünfter Generation ist und aus dem sechs ständige Sorten Gerstensaft sprudeln.

Die mittelständische Firma musste oft genug durch schweres Fahrwasser: Inflation und Weltwirtschaftskrise, zwei Weltkriege, Zwangsverstaatlichung und Mangelwirtschaft. Im Jahr der politischen Wende in der DDR stand Joachim Bergt, bis 1990 staatlich angestellter Betriebsleiter seiner einst eigenen Firma, vor der Entscheidung: Aufhören oder Weitermachen. Wobei er sich grundsätzlich fürs Weitermachen entschied, und am 1. April 1990 als einer der ersten reprivatisierten Chemnitzer Betriebe wieder ganz individuell durchstarten konnte. Inzwischen ist sein Sohn Matthias dort Geschäftsführer und Enkel Michael Bergt fungiert als Jungbraumeister.

Das Unternehmen gilt heute als die drittgrößte Brauerei in Chemnitz. Weil die Produktion wesentlich größer ist als die hauseigene Gastronomie benötigt, werden auch noch Verkaufsstellen und Vertragsgaststätten der Umgebung beliefert. Immerhin trumpfen die Bier-Bergts mit einem stattlichen Sortiment auf.

Das Familienunternehmen wird heute in fünfter Generation geführt. Michael Bergt analysiert hier die Hausmarke „Reichenbrander Kellerbier".

Das Unternehmen wurde 1874 in Siegmar gegründet. Es befindet sich an der Zwickauer Straße
und firmiert als „Brauereigasthof".

Geschäftsführer Matthias Bergt im hauseigenen Keller mit den charakteristischen offenen Gärbottichen.

Beim Besuch in Reichenbrand lohnt sich vor allem der Blick in den Gärkeller, in dem eben keine senkrechten Tanks, sondern Edelstahlwannen stehen, wo wie in alter Zeit „offen" gebraut wird und man die segensreiche Wirkung der Hefezellen förmlich sehen kann. Mit etwas Glück schwingt der Braumeister gerade fotowirksam die große Schaumkelle durch die weiß-bräunlichen Kräusenberge, oder er spindelt im benachbarten Lagerkeller den Alkoholgehalt von Pilsener aus. Spätestens an dieser Stelle wird dem einen oder anderen Besucher schon der berüchtigte „Zahn" zu tropfen beginnen. Doch die geschmackliche Probe des Endprodukts ist im Rahmen einer Besichtigung als Schlusspunkt vorgesehen. Vorher gilt es noch einen Blick ins Sudhaus, den Lagerkeller und die Abfüllerei zu werfen. Eben dieser „Flaschenkeller" musste 1994 komplett erneuert werden, was wiederum Platz schuf für die publikumswirksamste Investition Mitte der 1990er Jahre: Zum 120jährigen Jubiläum der Firma wurde im ehemaligen Flaschenkeller eine Gastwirtschaft eingerichtet, in der man als Haus-Spezialität das „Reichenbrander Kellerbier" anbietet: Ein hefeblumiger, naturbelassener und süffiger Gerstentrunk, welcher im zünftigen Steinkrug serviert wird und am besten zu einem „Braumeisterschnitzel" passen dürfte.

◇

Brauerei Reichenbrand
Zwickauer Straße 478, 09117 Chemnitz,
Fon: 0371-850214
Internet: www.reichenbrander.de
Email: restaurant@reichenbrander.de

Brauereigasthof "Bräu-Stübel" unter gleicher Adresse, Fon 0371-858041
Brauereiführungen mit Besichtigung des Sudhauses, des Gärkellers sowie Lagerkeller und Abfüllung, anschließend Einkehr ins „Bräu-Stübel" möglich
Anmeldungen zur Brauereiführung telefonisch im „Bräu-Stübel", täglich ab 11 Uhr

Sortiment:
"Unser Helles" (leicht aber vollmundig mit abgerundeter Bittere - 4,2 % alc.)
„Classic Pilsener" (hopfenaromatisch, feinwürzig – 4,8 % alc.)
„Premium" (vollmundig feinherb – 5,5 % alc.)
„Bockbier" (malzaromatisch, lieblich, mit Karamell-Note – 6,5 % alc.)
„Kellerbier" (naturtrüb, vollmundig, feinbitter – 4,8% alc.)
„Dunkelbier" (feinherb, mit deutlichen Röstaromen – 4,8% alc.), nur als Fassbier
„Festbier" (saisonal gebraut)

Service:
Siphonabfüllung, Verleih von Partyfässern (10, 20, 30, 50 Liter)
Verleih von Fest- und Partyzeltgarnituren mit Zubehör (Gläser, Durchlaufkühler, Spüle etc.)

Sehenswürdigkeiten der Umgebung:
Tierpark, (1km), Schaubergwerk Felsendome Rabenstein (2km), Burg Rabenstein (2km)

Diese Biere gehören zum Stammsortiment der Reichenbrander Brauerei.

Braukunst und Kleinkunst auf drei Etagen

Turm-brauhaus Chemnitz

Wie zwei stehen gebliebene Schornsteine, wie zwei Relikte aus dem alten Industrie-Chemnitz, muten die beiden Abluft-Rohre von Maische- und Sudpfanne im Turm-Brauhaus am Chemnitzer Neumarkt an. Der Gedanke an die „gute, alte Zeit" kommt hier nicht von ungefähr, denn der Innenarchitekt hat für das Brauereigasthaus ein Ambiente gewählt, welches zum größten Teil auf Bier-Nostalgie setzt: Dunkle Holzmöbel, kupfern blitzende Brauerei-Ausstattung, antikes Handwerkszeug ringsum an den Wänden. Der Stilmix: Ein bisschen Gründerzeit, ein wenig Jugendstil, auch ein Quentchen Chemnitzer Industriemoderne. Dazu kommt Deftiges aus der Hausfleischerei: Brauhaus-Bratwurst, Treberknödel mit Waldpilzen, geschmolzene Walnuss-Blutwurst mit Apfelspalten, Schwarzbier-Gulaschsuppe, Brühwurst aus dem Buchenrauch. Mit all dem setzt man in der Schau- und Erlebnisbrauerei im Herzen von Chemnitz in der Galerie Roter Turm einen bewussten Kontrast zum architektonischen Drumherum. Denn abgesehen vom historischen Rathaus gibt sich das nach der Wende neu gestaltete Stadtzentrum eher urban und modern: Ringsum viel Beton und Glas. Große Schaufensterflächen an den Fassaden der Einkaufs-Tempel reflektieren die Szenerie des Neumarktes. Abends tauchen Neon und Scheinwerfer das Viertel in beschauliches Licht.

Mit der Feierabendzeit in Geschäften und Büros beginnt sich das Turm-Brauhaus regelmäßig zu beleben. Zwar suchen durchaus auch tagsüber Passanten hier Erquickung, doch der rechte Betrieb stellt sich in der Regel erst ab 18 Uhr ein. Dann bevölkern sich die Tische auf drei Etagen, im Sommer sind Biergartenplätze vorm Eingang heiß begehrt. Man kommt, um den Abspann eines Tages mit Familie, Freunden oder Arbeitskollegen in entspannter Atmosphäre genießen zu können. Und was wäre wohl geeigneter für eine Erfrischung als das hier selbst hergestellte Bier?

Zwei Sorten sind es, die im Turm-Brauhaus ständigen Nachschub erfahren: „Turmbräu Hell" und „Turmbräu Kupfer". Beide Biere kommen nach dreiwöchiger Lagerzeit in den Ausschank, sind aber wie in den meisten Hausbrauereien unfiltriert: Das macht zum einen die Herstellungskosten überschaubar. Zweitens aber, und dies ist der bedeutendere Aspekt, sind naturbelassene Biere viel geschmacksintensiver und enthalten zudem mehr Inhaltsstoffe, die man hinsichtlich ihrer physiologischen Wirkung

Das Turm-Brauhaus erstreckt sich über drei Etagen, wobei die beiden oberen der Gastronomie und der Hausbrauerei vorbehalten sind.

durchaus als „gesund" einstufen kann – mäßigen Bierkonsum vorausgesetzt.

Viertausend Liter werden nach Angaben der Geschäftsführung pro Woche im Turmbrauhaus hergestellt. Das ist eine ordentliche Größe für eine Brauerei dieser Dimension. Und natürlich ist „Bier trinken" die erfrischendste Art, um das Chemnitzer Turmbräu kennen zu lernen. Wer trotzdem noch Genaueres dazu erfahren möchte, der kann sein Wissen im Rahmen einer Führung durch das Haus erweitern. Dabei erklärt der Braumeister, was es mit Begriffen wie Schroten, Maischen, Austrebern, Würzen, Sieden und Gären auf sich hat – immer fachlich an den zugehörigen Werkzeugen oder Anlagen erläutert.

Im Kellergeschoss des Lokals befinden sich allerdings nicht nur die Gär- und Lagertanks. Sondern – Überraschung! – auch eine Kleinkunstbühne: Im „Brauclub" ist nun allerdings nichts antiquiert, sondern mit schnittiger Klang- und Lichttechnik viel mehr auf die Bedürfnisse eines Publikums abgestimmt, das einen unterhaltsamen Abend erleben oder gar die Nacht zum Tag machen will. Dancing, Kabarett, Disco, Lesung, Kriminaldinner, Livemusik oder humoristische Kochshow – es gibt fast täglich Kulturelles zu erleben.

Turm-Brauhaus

Neumarkt 2, 09111 Chemnitz
Fon: 0371-9095095
Internet: www.turmbrauhaus.de
Email: info@turmbrauhaus.de

Sortiment:

Turmbräu Hell (feinherb, untergärig, nach Pilsener Art – 11,5 % Stammwürze), Turmbräu Kupfer (Dunkles, feinherb, vollmundig – 11,5 % Stammwürze), Turmbräu Radler (Bier-Mischgetränk mit Zitronenlimonade), Turmbräu Diesel (mit Cola)

Service:

- Selber zapfen am Stammtisch (eingebaute Zapfanlage, bis 40 Personen)
- Siphonabfüllung
- 5-Liter-Eichenholzfass mit Stechhahn

Veranstaltungen:

Jährlich Pfingsten großes Brauereifest auf den Chemnitzer Neumarkt.
Nahezu täglich wechselnde Veranstaltungen in Gaststätte und Brauclub. Die Termine dazu findet man auf der Internetseite.

Sehenswürdigkeiten der Umgebung:

Museum Gunzenhauser, Kunstsammlungen (Chemnitzer Innenstadt, 1km), Villa Esche (Jugendstilmuseum – 5 km), Industriemuseum (2 km), Wasserschloss Klaffenbach (10 km)

Historische Brautechnik prägt die Gestaltung des Turmbrauhauses. Die Destillierblase im Obergeschoss gehört zur Dekoration.

Im Turm-Brauhaus läuft ständig Helles und „Kupfer" aus dem Hahn.

BRAUEREIEN
IM ERZGEBIRGE

Ein ganz spezieller Bierkalender

Lotters Wirtschaft, Hotel Blauer Engel, Aue

Vielfältig ist das Biersortiment, welches man dem Gast im Herzen der Erzgebirgsstadt Aue in „Lotters Wirtschaft" anbietet und natürlich auch serviert: Helles nach Pilsener Art und „Lotters Dunkel" mit ausgeprägt malziger Note sind als Stamm-Biere von Januar bis Dezember im Zapfhahn. Dazu gesellen sich sommers ein obergäriges Hefeweizen hell, im Winterhalbjahr kommt „Hefe dunkel" in den Tank.

Und dann kredenzt man monatlich zusätzlich Biere, die im regelmäßigen Wechsel „Lotters Bierkalender" folgen. Es beginnt mit dem Auer Bürgerbräu, dann folgen Weizenbock und Märzen, ein „Geheimbier" ist auch mit von der Partie und obligatorisch der Maibock. Danach kommen „Muhme" (ein vollmundiges Spezialbier), Lotterlunder, Dinkelbier, Rauchbier, Wiesenbier und – last but not least – das Auer Weihnachtsbier. Insgesamt also 16 naturtrübe Gär- und Geschmacksvarianten. Wer diesen Bierkalender studiert, muss zwangsläufig zum Fazit „Je kleiner die Brauerei, umso größer die Palette!" kommen. Was aber nur auf den ersten Moment paradox erscheint. Denn privat geführte Hausbrauereien brauchen Einfallsreichtum und Vielfalt, um sich der dominierenden Marktmacht industrieller „Bier-Fabriken" entgegen stemmen zu

können. Ihr großer Trumpf liegt im Individualismus: Den großen Konsum-Marken bieten sie mit kleinen, charakterstarken Chargen Paroli. Und gerade dies weiß eine seit Jahren wachsende Kundschaft sehr zu schätzen: Die Gemeinschaft von Bier-Genießern, welche die Marken des Massengeschmacks ganz bewusst links liegen lässt und statt dessen stringent handwerklich gebraute Biere bevorzugt. Bei solchen wird dann gern in trauter Runde geschnüffelt, gesüffelt und geschmeckt, werden Nuancen im Geruch ebenso ausgelotet und diskutiert wie „kleine Ecken am Gaumen" oder ein „Schoko-Hauch im Nachklang".

In Lotters Wirtschaft ist dies vor allem in den ausgebauten Kellergewölben von 1663 ein Erlebnis. Und wer dort mit dem Braumeister Mirko Endt ins Gespräch kommt, der erfährt, dass dieser immer gern weitere, teils „völlig verrückte" Brau-Rezepturen ausprobiert, sogar schon eigenen Eis-Bock mit enormem technischen Aufwand produziert habe.

Die Hausbrauerei in der kleinen, aber hoch gemütlichen Schänke gehört zum Hotel „Blauer Engel", dessen Küche viele regionale Rohstoffe einsetzt und davon auch die rustikalen, zum Bier passenden Spezialitäten fürs Brauereigast-

vorige Seite: Das Sächsische Brauereimuseum Rechenberg gibt Einblick in die Braukunst unserer Vorfahren.

Im Biermuseum von Lotters Wirtschaft in Aue erinnern Technik und Bilder an die Geschichte des Bierbrauens.

angehender Bräutigam mit seiner kompletten Männer-Verwandtschaft, um ein Bier nach seinem Gusto zu brauen. Was erfahrungsgemäß immer in einer fröhlichen Runde endet, die keine Kehle trocken lässt.

◇

Lotters Wirtschaft, Flairhotel Blauer Engel, Altmarkt 1, 08280 Aue, Telefon: 03771-5920. Internet: www.hotel-blauerengel.de

Immer mittwochs „Brauertag" (je halber Liter Helles oder Dunkles für 2,50 Euro), Kleines Bier- und Braumuseum im Haus – Eintritt frei, täglich ab 11 Uhr geöffnet.
Flaschen-Service, Siphon- und Partyfass-Abfüllung für 5, 10, 30 Liter

Drei verschiedene Brau-Seminare (mit Verkostung und Speisen) zu je 12, 17 bzw. 27 Euro.
Jeweils am zweiten Wochenende im Mai findet das „Auer Kneipenfest" statt.
Jährlich am Wochenende um den 30. September traditioneller „Brauer-Silvester" zum historischen „Ende des Bier-Jahres", bei dem das erste Bock angestochen wird.
Von September bis April an je zwei Wochenenden im Monat Live-Musikabende.
Erlebnis-Wochenende „Flair Bonbon" mit Hotelübernachtung, Halbpension und zünftiger Bierverkostung ab 160 Euro p.P.
Ausflugsziele in der Nähe: Erzgebirgsstadion des FCE in Aue (2 km), Zoo der Minis in Aue (2 km), Friedenskirche Zeller Berg (Sachsens einzige reine Jugendstilkirche, 1 km), Wismut- und Uranbergbau-Museum Bad Schlema (5 km), Planetarium und Sternwarte Schneeberg (8 km)

haus liefert: „Bratwurst-Torte" oder „Brauhaus-Kotelett". Das zum Brauen nötige Gerstenmalz nach Pilsener bzw. Münchner Art (der Unterschied äußert sich im Geschmack) kommt in Kleinstgebinden aus Bamberg, der Hopfen allerdings – das ist die Überraschung – ist nicht böhmischer und auch nicht bayerischer Natur. Er wird aus Sachsen geliefert – von einem Obst- und Feldbauern in Döbeln. Von dessen Qualität sind nicht nur jene zwei Damen und vier Herren überzeugt, die in den sieben Jahren seit Eröffnung von Lotters Wirtschaft als Braugasthaus zur „Bier-Majestät" gekrönt wurden. Auch wer in Aue zum „Braumeister ehrenhalber" ernannt wird, lernt vorher alles über Rohstoffe und deren Verwendung – und muss dann selbstredend vom Gerstenbräu kosten. Ob Mann oder Frau – jeder bekommt dabei garantiert eine passende Geschmacksrichtung. Eine Spezialität aber ist ausschließlich den Männern vorbehalten: Das „Junggesellen-Bier". Dabei trifft sich ein

Mirko Endt ist der Braumeister in Lotters Wirtschaft.

FRISCH AM TISCH: EIN GANZER METER BIER!

KUNOS BRAUEREIGASTHOF, ERLABRUNN

In der Luft ein würzig duftendes Gemisch von Malz und frisch gebackenem Treberbrot, dazu ab und an ein Quentchen Bratenduft aus der Küche. Und auf dem Tisch: ein ganzer Meter Bier! Das sind stattliche fünf Liter Gerstensaft, aufrecht stehend im speziellen Schank-Zylinder, durch die Glaswand dunkel perlend. Drum herum sitzt eine fidele Truppe, Touristen aus Berlin, die im Erzgebirge dem Großstadtgewimmel entfliehen und ihren Bierdurst löschen wollen. Weil's im Februar draußen noch knackig kalt ist, haben sie sich für ein zünftiges Schwarzes entschieden – das mag in der winterlichen Jahreszeit besser munden als Pils.

Es ist Brautag in der „Alten Schleiferei", und Thomas Krauß läuft geschäftig zwischen Sudpfanne und Läuterbottich hin und her. Er ist, wenngleich vorgeblich nur „Hobby-Brauer", in Erlabrunn für den kontinuierlichen Nachschub von „kühlem Blonden" verantwortlich; organisiert den Brauvorgang, überwacht das Erhitzen, kontrolliert den Gärkeller, kümmert sich um die Abfüllung. Ausgegeben werden zum Beispiel Partyfässer mit 10, 20 und 50 Litern Volumen, außerdem kursieren die beliebten Heim-Siphons.

Die Hausbrauerei, kurz nach der Jahrtausendwende mitsamt dem Hotel „Alte Schleiferei" auf den Grundmauern einer alten Holz-Schleiferei installiert, zählt zu den zwei jüngsten Anlagen dieser Art im Erzgebirge – und bereichert die regionale Bier-Palette: Was hier aus dem Zapfhahn strömt, trägt den Namen „Kuno-Bräu". Dazu gehören ein „Helles nach Pilsener Art", das obligate „Dunkel", ein „Schwarzes" und von November bis März – Kunos Bockbier. Jährlich ab Mai wird die untergärige Palette noch durch ein obergäriges, fruchtig-frisches Hefeweizen abgerundet.

In Kunos Brauereigasthof können die Gäste ihr Bier am Tisch selbst zapfen.

Auf einen Blick: Sudpfanne und Gärbehälter.

fröhlichen und unbeschwerten Tischrunde – winters im Restaurant, sommers im Biergarten. Wer will, kann es dann noch auf sehr pikante Art und Weise ausklingen lassen: Nämlich in einem Bierbad! In der Wellness-Oase der „Alten Schleiferei" geht das dank ausladender Badewanne sogar zu zweit. Was sicher für ein doppelt prickelndes Erleben sorgt – und zusätzlich der Haut zu neuer Frische verhelfen soll.

◇

Kunos Brauereigasthaus,
Schulstraße 8, 08359 Breitenbrunn / OT Erlabrunn. Telefon: 03773-88050.
Internet: www.hotel-alte-schleiferei.de/kunos-brauereigasthaus
Immer mittwochs nachmittags Brauereiführung ohne Anmeldung.
Für Gruppen ab 5 Personen wöchentlich Führungsmöglichkeiten nach Terminabsprache, Preis pro Person 4,20 Euro.

Zu erwähnen ist noch, dass man beim Kuno alle Biere in ihrer natürlichen Belassenheit kredenzt. Das heißt: Sie sind unfiltriert. Was dem Genuss keinen Abbruch tut. Und es gibt ja auch Bier-Kenner, die gerade das Naturtrübe vorziehen, weil es sich nach ihrer Ansicht urtümlicher, breiter im Geschmack präsentiert...
Es ist die ganz besondere Art, wie man in Erlabrunn mit Bier förmlich auf Tuchfühlung gehen kann. Dies beginnt – jawohl! – schon an der Eingangstür, wenn sich das füllige Aroma von Gerstenmalz aus den Sudpfannen stiehlt und die Luft im gesamten Restaurant damit regelrecht schwängert. Es setzt sich fort, wenn man als Gast beim Würzen des Sudes dabei sein kann und im Fachgespräch erfährt, warum gerade Hopfen das Bier so lecker macht. Und das gipfelt in einer

Jährlich am letzten Juli-Wochenende Brauereifest mit Bierkasten-Klettern, Festbieranstich und Livemusik. Im November zünftiger Bockbieranstich.
Mini-Zoo am Haus mit Lamas, Ziegen, Hängebauchschweinen, Kaninchen.

Sehenswürdigkeiten in der Nähe:
Kletterpfad am Nonnenfelsen (1 km, hinter Bahn-Haltepunkt Erlabrunn), Naturschutzgebiet Steinbachtal mit Teufelssteinen (2 km, nur zu Fuß erreichbar), Pferdegöpel Johanngeorgenstadt (10 km), Hochmoor „Kleiner Kranichsee" (10 km, bei Johanngeorgenstadt)

Brauer Thomas Krauß sorgt für Nachschub im Brauereigasthof.

Aus dem Erzgebirge an die Nordseeküste

Brauerei Fiedler, Scheibenberg

Bier zu Fisch? Was noch vor 50 Jahren bei Knigge unmöglich schien, ist mittlerweile durchaus kein unvereinbarer Gegensatz mehr. Wie man zum Beispiel in „Fiedlers Aal-Kate" in Bremerhaven weiß. Dort bringt man zu leckeren Nordsee-Fängen nämlich ein erzgebirgisches Pils auf den Tisch. Ein Spiel mit Gegensätzen, zugegeben. Dennoch eine spannende Geschichte! Denn die Hopfen-und Malz-Spezialität trägt nicht nur den gleichen Namen wie das Nordsee-Restaurant. Sie muss, damit man sie an der Waterkant kredenzen kann, auch aus dem Süden nach Norden verschickt werden! „Fiedler" ist ein sächsisches Erzgebirgsbier: Die Brauerei hat ihren Sitz in Nähe der Erzgebirgskreisstadt Annaberg-Buchholz – im Scheibenberger Ortsteil Oberscheibe, nur ein paar hundert Meter von den berühmten „Orgelpfeifen" entfernt. So wird jene charakteristische, 35 Meter aufragende Basaltformation hoch über der gleichnamigen Stadt im Erzgebirgskreis genannt, deren senkrecht parallel stehende Säulen weithin zu sehen sind. Es nimmt daher kein Wunder, dass ausgerechnet jene Orgelpfeifen zum Markenbild der Brauerei Fiedler avancierten und in stilisierter Form auf jedes Etikett gedruckt werden. Im Erzgebirge hält man an Traditionen fest – das ist im Großen wie im Kleinen der Fall. Und erst recht, wenn es um eigene, regionaltypische Biermarken geht. Just solche, wie man sie bei den Fiedlers herstellt. Das „dunkle Bockbier" kommt hier seit über 40 Jahren in nahezu unveränderter Rezeptur aus dem Gärkeller in die Flaschen. Was für einen mittelständischen Betrieb in sozialistischer Zeit durchaus eine Besonderheit war – denn privates Wirtschaften „mit Gewinn" sah man von Staats wegen damals nicht allzu gern. Christian Fiedler, der Senior-Chef vom Scheibenberg, schreibt es vor allem der Qualität seiner Produktion zu, dass man ihn dennoch brauen ließ – schließlich wussten selbst die „Genossen" einen guten Tropfen zu schätzen.

Die Brauerei in 620 Metern Höhe ist betagter als manch andre „Große" der Zunft in Sachsen. Schon 1813 gibt es erste Erwähnungen einer Brauerei, ab 1855 wird der Name Fiedler in den Büchern geführt. Das Familienunternehmen behauptete sich in der Weimarer Republik wie im so genannten Dritten Reich, später in der DDR und nach 1990 in marktwirtschaftlichen Refugien. Die mittlerweile auf 14 Mitarbeiter angewachsene Belegschaft stellt pro Jahr 13.000 Hektoliter her, von denen sich vor allem das „Bock" eines großen Fankreises erfreut.

Nach dem Abfüllen werden die Flaschen geduscht.
oben: Blick in die Maischepfanne.
unten: Abfüllanlage für Fiedler-Biere.

Darüber hinaus präsentiert sich die Brauerei bei zahlreichen wiederkehrenden Festen und Sport-Aktivitäten in der Region. Immer zwei Wochen vor dem Pfingstfest organisiert man am Fuß der Orgelpfeifen den „Scheibenberger Gleichmäßigkeitslauf". Bei dem Spaß-Event in Form eines Berg-Rennens kommt es darauf an, eine Strecke zweimal in möglichst exakt gleicher Zeit zu bewältigen – was mit prickelnder Erfrischung aus dem Hause Fiedler keine Schwierigkeit bereiten dürfte. Dann gibt es jährlich Pfingsten den traditionellen „Pöhlberg-Lauf", eine Oldtimer-Rallaye in der Erzgebirgs-Kreisstadt Annaberg-Buchholz, bei der neben 150 Fahrzeugen auch der Bierwagen von Fiedler am Start ist. Und beim Brauereifest jeweils im August bleibt beim „Schau-Abfüllen" sowieso keine Kehle trocken...

◇

Privatbrauerei Christian Fiedler,
Hauptstraße 28, 09481 Scheibenberg/OT Oberscheibe, Telefon: 037349-8249
Internet: www.brauerei-fiedler.de

Das Sortiment besteht durchweg aus untergärigen Bieren: ein feinherb-frisches Pilsener mit 11 % Stammwürzegehalt, „Orgelpfeifenbräu" (ein malzaromatisches Landbier mit ebenfalls 11 % Stammwürze), „Magisterbräu" (kräftigwürziges Schwarzbier), Fiedler Export mit 12 % Stammwürze, Bock dunkel (16 %), „Abrahamsbock" mit 16 % Stammwürze – ein ganzjähriges helles Bockbier mit dezenter Bitter-Note.

Brauereibesichtigungen bitte mit Anmeldung 14 Tage im Voraus. Bier-Verkostungen sind im hauseigenen „Bräu-Stübel" möglich. Vertragsgaststätte: „Bürger- und Berggasthaus" auf dem Scheibenberg
Jährlich zu Christi Himmelfahrt Brauereifest mit sechs Stunden Blasmusik auf dem Brauereigelände.

Sehenswürdigkeiten in der Umgebung: „Orgelpfeifen" (Naturdenkmal bei Scheibenberg, 2 km), „Manufaktur der Träume" (Sammlung erzgebirgischer Holzspielzeuge und Pyramiden in Annaberg-Buchholz, 10 km), „Zum Weihrichkarzl" (Schauwerkstatt der Räucherkerzenherstellung in Neudorf, 12 km)

Juniorchef Thomas Fiedler kontrolliert die Produktion.

Spezereien für das Kräuterbier

Brauerei-Gasthof Zwönitz

Wer zum ersten Mal hört, dass Frieder Naumann getrocknete Hirschzungen für eine Bierspezialität verwendet, der denkt zunächst garantiert in die falsche Richtung. Es mag ja kuriose Brau-Mixturen geben – immerhin wird in Chemnitz sogar aus Bananen Bier gemacht. Aber was sollte wohl das getrocknete Muskelstück aus des Waldkönigs Äsung darin?

Die Lösung offenbart sich auf den zweiten Blick: „Hirschzunge" wird im Erzgebirge ein Grünzeug genannt, das in fein dosierter Gabe einem rechten Kräuterbier erst zur Vollendung gereicht. Denn nicht um Wurst-, sondern um Bierspezialitäten geht es im Brauereigasthof Zwönitz, wenngleich man freilich sagen muss, dass dieser Sondertrunk als Ergänzung eines Sortiments gedacht ist, welches weiterhin aus „Feierohmdbier", „Raachermannelbier", „Ziegenbock" und „Holunderweizen" bestimmt, im Großen jedoch von „Rotblondem", „Dunkel" und „Schwarzbier" angeführt wird.

Es war der Mut zur Investition und zur Selbstständigkeit, der Naumann 1996 zum Aufbau einer Hausbrauerei bewog. Es war schon eine kleine Sensation, als damals der Lastkran zwei kupfern funkelnde Braupfannen durchs aufgebrochene Dach hievte. Hobby- und Pressefotografen umstanden in weitem Rund die Zeremonie, hielten einen denkwürdigen Moment auf Film fest. Denn immerhin war die Bergstadt Zwönitz 75 Jahre ohne eigene Brauerei – die alte „Felsenkeller" schloss schon 1923 ersatzlos.

Doch nicht nur durstige Kehlen seiner Nachbarn vermag Frieder Naumann mit seinem „Zwäntzer Bier" zu erquicken – er hat als einer der ersten Klein-Brauer des Erzgebirges auch den Biertourismus aufs Gleis gehoben: Jeden ersten Samstag des Monats offeriert er Seminare zum Thema Bier und lässt die Teilnehmer nicht nur in die „Pfannen" blicken, sondern auch in den Gärkeller, wo man bei günstigem Zeitpunkt schöne Kräusen auf dem Gärgut beobachten kann. Sogar eine technische Besonderheit kann sich sehen lassen: Der europaweit wohl kleinste in Betrieb befindliche Kieselgurfilter, den man sonst fast nur noch in großindustriellen Anlagen sieht – Hausbrauereien verzichten oftmals gänzlich auf Filtration und schenken naturtrübes Bier aus... Nicht so in Zwönitz, wo das Schwarzbier sogar ein Geschmackszertifikat aufweisen kann: Karl Schiffner (Biersommelier-Weltmeister) bescheinigt der Blume eine „haselnussbraune Farbe mit Duft nach Lakritz" sowie eine „Fülle von Röstaromen" nebst „zarten Karamell- und

Frieder Naumann programmiert den Sudvorgang.

Schokoladennoten" im Geschmack. Solche Referenzen machen den Hausherren sichtlich stolz. Kein Wunder daher, dass er bei Führungen gern darauf verweist. Und wenn man einen guten Tag erwischt, dann verrät Frieder Naumann neben der „Hirschzunge" sogar noch ein paar weitere Spezereien für sein „Kräuterbier": Nelken und getrocknete Stiefmütterchen, Salbei und Thymian, Erdbeerblätter und Sauerampfer. Freilich: Ein Bier aus solchen Zutaten ist kein schnöder Erfrischungstrunk. Sondern vielmehr eine von Kennern geschätzte „Medizin" bei Erkältungsanzeichen, bei körperlicher Schwäche oder – erwärmt – als besonders würziger „Erwachsenen-Tee" an rauhen Winterabenden.

◇

Brauereigasthof Zwönitz,
Grünhainer Straße 15, 08297 Zwönitz,
Telefon 037754 59905,
Internet: www.brauerei-zwoenitz.de

Dienstag ist Brautag! Brauereiführungen auf Anfrage , jeden ersten Samstag im Monat Bier-Seminare.
Brauerei: 10-Hektoliter-Sudwerk, eigene Flaschenabfüllung, Siphon-Ausschank. Gaststätte im Sudhaus 120 Personen, Tanzsaal 180 Personen, Biergarten 80 Personen.
8 Doppelzimmer, 1 Ferienwohnung

Ausflugsziele der Umgebung: Austelpark Zwönitz (1 km), Papiermuseum Niederzwönitz (3 km), Spiegelwaldturm Beierfeld (5 km)

oben: Der Rückstand nach dem Maischen wird Treber genannt.
rechts: Der kleinste in Betrieb befindliche Kieselgurfilter in Europa.

Das Erbe
des Schiffszimmermanns

Brauerei Rechenberg-Bienenmühle

Wer die Brauerei Rechenberg besucht, dem fallen zuerst die historischen Gebäude ins Auge. Die Vergangenheit steht hier wortwörtlich im Vordergrund. Die einstige Mälzerei, der mächtige Darrturm und das ehrwürdige Sudhaus sind seit 1897 nahezu unverändert geblieben. Die Bausubstanz und die neben den Gebäuden aufragende Ruine der Burg Rechenberg weisen jedoch auf einen noch früheren Ursprung hin.

Wie die Firmenchronik berichtet, erteilte bereits am 10. September 1558 eine kurfürstliche Behörde dem Erbrichter Peter Liebscher das Braurecht auf dem Rittergut Rechenberg, wonach „Liebscher, seine Erben und Nachkommen sich des Brauens verziehen und das Bier nehmen sollten, wohin sie der Erbherr verwies." Der Erbherr und Eigentümer des Guts, Caspar IV. von Schönberg, versprach sich von der Ausübung des Braurechts eine Verbesserung der Wirtschaftsbilanz seines Gutes. Er sollte sich nicht getäuscht haben. Die Brauerei etablierte sich – zwei Jahrhunderte später erfreute sich das Rechenberger Bier auch in Leipzig, Dresden und Freiberg großer Beliebtheit. Der Ruf dieses Biers war so gut, dass sich manche Abnehmer „aus gesundheitlichen Gründen" weigerten, ein anderes Bier zu trinken und sich den Genuss des Rechenberger Bieres von ihrem

Rat per Attest zusichern ließen. Verständlich, dass man in der Brauerei unter solchen Voraussetzungen getrost nach vorn blicken und weiter wachsen konnte.

Dabei beschritten die Altvorderen auch ungewöhnliche Wege. Das Dach des 1780 auf festen Mauern neu errichteten Sudhauses schuf ein Schiffszimmermann. Er hieß Adam Braun und wählte für die Konstruktion die Form eines kieloben treibenden Schiffsrumpfes. Das von ihm mit Spanten und Planken versehene Dach stellt bis heute eine architektonische Besonderheit in Sachsen dar. Die Brauerei wechselte im Lauf der Jahrhunderte mehrfach den Besitzer. Am 5. Oktober 1850 erwarb der vom Erbgutshof Haingut

bei Friedebach stammende Gottlob Leberecht Meyer das Rittergut samt Brauerei, die zu diesem Zeitpunkt an seinen Bruder Carl August Meyer verpachtet worden war. Letzterer blieb weiterhin Pächter, auch als die Brauerei nochmals den Eigentümer wechselte. Nach Übernahme des Pachtvertrages durch seinen Sohn Karl Reinhard Meyer erhielt dieser 1876 die Gelegenheit, die Brauerei käuflich zu erwerben. Damit nahm das Familienunternehmen, die heutige „Brauerei Rechenberg – Private Traditionsbrauerei Meyer OHG" – seinen Anfang.

Andreas Meyer, heute zusammen mit seinem Bruder Thomas Eigentümer der Brauerei, weiß, wie er Besucher begeistern kann. Statt viele Worte zu machen, setzt der 53-Jährige auf die Wirkung des Authentischen. Er schließt die Tür zur historischen Brauerei auf und vorbei an der Fassreinigung mit dem Kubizierapparat zum Eichen der Fässer gelangen wir ins Herzstück der Brauerei, das Sudhaus. Unterm Dach des Schiffszimmermanns schimmert die kupferne Abdeckung der mit Ziegeln eingemauerten Braupfanne, leuchtet der Läuterbottich, glänzt der Läutergrant. Dieser, eine Batterie von Messinghähnen, verleitet dazu, einen Hahn zu öffnen, zumal die ganze Zeit schon würziger Hopfenduft in der Luft liegt, doch es käme kein Bier heraus! Kein Wunder – wir befinden uns in einem Museum. Andreas Meyer sagt: „Es dürfte weithin einmalig sein, dass eine historische Brauerei dieser Größenordnung als Betrieb so komplett erhalten geblieben ist." Das von 1995 bis 2002 aufwändig und mit viel Liebe zum Detail restaurierte „Sächsische Brauereimuseum Rechenberg" vermittelt mit seinen originalen Anlagen und der

Unterm Dach des Schiffszimmermanns können sich Besucher ein Bild von der Braukunst vergangener Tage machen.

*In riesigen Fässern wurde früher der begehrte
Gerstensaft gelagert.*

Ein Blick ins Brauereimuseum Rechenberg, wo Brautechnik verschiedener Generationen zu sehen ist.

komplett erhaltenen historischen Bausubstanz einen umfassenden Einblick in den gesamten Prozess der traditionellen Bierherstellung. Wer schon immer einmal wissen wollte, wie unsere Vorfahren bis in die jüngste Vergangenheit ihr Bier brauten – hier erfährt er es.

Doch wo kommt dann heute das Rechenberger Bier her? Andreas Meyer hat die Führung wohlkalkuliert. Wer meint, ihre Wirkung ließe sich nicht steigern, täuscht sich. Meyer schließt eine weitere Tür auf. Sie gehört zu einem Gebäude neuester Bauart. Eine Treppe führt nach oben – und der Blick fällt auf drei mächtige Edelstahlhauben, die, vom hereinströmenden Licht umflutet, jeden Moment abzuheben scheinen. Willkommen in der Gegenwart! Die Hightech-Behälter, elektronische Tableaus, Kontrolllampen, Schaltknöpfe und Computer bilden die Steuerzentrale einer der modernsten Brauereien Sachsens. Hier also kommt das Rechenberger Bier her!

Es war ein weiter Weg bis dahin. 1972 war dieser Weg nicht einmal zu erahnen. Die in jenem Jahr erfolgte Verstaatlichung der Privatbrauerei führte zur Eingliederung des Betriebs als Werk III in den VEB Stadtbrauerei Olbernhau, der wiederum zum Getränkekombinat Karl-Marx-Stadt gehörte. Unter volkseigener Ägide erfolgte 1977 eine weitere Zäsur: die Einstellung der Flaschenbierproduktion. Statt weiterhin das beliebte Rechenberger in Flaschen herzustellen, hatte der Betriebsteil Rechenberg nun die Fassbierproduktion für den gesamten Bereich der Stadtbrauerei Olbernhau, einschließlich deren Teilbetriebe, zu übernehmen. Auch die Moderne hielt Einzug: Die bis dahin verwendeten verschiedenen Holzfässer wurden einheitlich auf Aluminiumfässer der Größe 0,5 und 1 Hektoliter umgestellt.

1990 wurde das Unternehmen durch die Brüder Andreas und Thomas Meyer reprivatisiert. Mit der vorhanden Technik, die noch aus den 30er Jahren stammte, konnte die Brauerei jedoch auf Dauer nicht weitergeführt werden. Die Meyers entschieden sich für die aufwändigste Lösung. Sie beschlossen, eine neue Brauerei zu bauen – und zugleich die historische Brauerei als technisches Denkmal komplett zu erhalten. Nach intensiver Planung begann 1994 auf dem Firmengelände eine komplett neue Brauerei emporzuwachsen. Geschickt und ohne größere Eingriffe in die Landschaft passten die Projektanten vom Technischen Büro Weihenstephan in Freising den Neubau an den vorhandenen Standort an. Und so rundet sich das Bild: Alt und Neu, Vergangenheit und Gegenwart verbinden sich in der Brauerei Rechenberg zu einem harmonischen Ganzen.

Die Inhaber beschlossen, sich auch mit der neuen Brauerei weiterhin ausschließlich auf die Fassbierproduktion zu beschränken. „Rechenberger – Nur vom Fass!" lautet die Formel, die dem Unternehmen seine Unverwechselbarkeit und dem Bier seine Exklusivität sichert. Gerade für die Gastronomie stellt diese Exklusivität ein wichtiges Kriterium dar, wie Andreas Meyer bestätigt. Er sagt: „Für die Gastwirte ist es vorteilhaft, wenn sie etwas anbieten können, das es nicht im Handel gibt." Zu den nach alter Brauart hergestellten Sorten gehören Rechenberger Pilsner und Rechenberger Dunkel, daneben gibt es saisonal Rechenberger Festbier und Rechenberger Bockbier. Zudem produziert die

Die Brauerei und Malzfabrik Rechenberg-Bienenmühle vor ungefähr 100 Jahren.

Brauerei noch ein anderes, schon zu DDR-Zeiten beliebtes Getränk: Rechenberger Fassbrause. Ausgeschenkt wird Rechenberger hauptsächlich in Mittel- und Ostsachsen. Die Brauereigaststätte im historischen Kreuzgewölbe, der so genannte Schalander (ehemals Bezeichnung für den Aufenthaltsraum der Brauer) bietet Gelegenheit, das Rechenberger vor Ort zu genießen.

Auch wer es vorzieht, sein Rechenberger zu Hause zu trinken, muss nicht durstig heimkehren. Der Brauereiladen verkauft neben firmentypischen Souvenirs vom T-Shirt bis zum Emailleschild das Rechenberger Bier in 5 l Fässchen auch für den Hausgebrauch.

◇

Brauerei Rechenberg
Private Traditionsbrauerei Meyer OHG
An der Schanze 3
09623 Rechenberg-Bienenmühle
www.brauerei-rechenberg.de
Tel. 037327-8800

Führungen durch das Sächsische Brauereimuseum Rechenberg mit anschließender Bierprobe im Schalander.
Dienstag-Freitag: 11 Uhr und 14 Uhr
Samstag, Sonntag, Feiertag: 11 Uhr, 13 Uhr und 15 Uhr

Hier zischt der Specht

Brauerei Specht, Ehrenfriedersdorf

Mag sein, dass es im Harz noch Auerhähne gibt – im Erzgebirge gelten sie als ausgestorben. Was man vom Specht glücklicherweise nicht sagen kann. Dieser hämmert nach wie vor noch lustig in den Wäldern. In Ehrenfriedersdorf am Fuß der berühmten „Greifensteine" hingegen verursacht der Specht ein ganz besonderes Geräusch: Er zischt!

Denn wer in der Kleinstadt an der Bundesstraße 95 von „Spechten" spricht, der meint selten den gefiederten, bunten, sondern meist den schwarzen Specht. Oder den „Export-Specht". Man könnte die Wortspielerei noch weiter vorantreiben. Wer weiß – vielleicht kommt über kurz oder lang ja auch noch ein „roter Specht" hinzu – wenn, ja, wenn die Meister der Privatbrauerei in Ehrenfriedersdorf ein rötliches Bier zurecht brauen, was durch spezielle Malzsorten ja ohne Weiteres möglich ist.

Vater Gerd Specht und sein Sohn Axel führen das Familienunternehmen gleichen Namens seit 2005 als Gesellschaft bürgerlichen Rechts – mit jährlich wachsenden Produktionsraten. Gegenwärtig verlassen 9000 Hektoliter per anno das Haus – und zwar in Flaschen, Party-„Bomben" und gastronomiefähigen 50-Liter-Fässern. Das wichtigste dabei: Spechts Bier gibt sieben Mitarbeitern festen Lohn und Brot – für einen Mittelstandsbetrieb eine sehr respektable Größe.

Dabei hatte alles eigentlich ganz anders angefangen: 1844 wurde in Ehrenfriedersdorf die Brauerei als genossenschaftliches Werk errichtet – eine damals übliche Unternehmensform, bei der viele Mitglieder – meist Handwerker aus dem Ort – Eigentumsanteile erhielten. Zwei Weltkriege haben die Ehrenfriedersdorfer überstanden – aber 1954 mussten sie Konkurs anmelden. Was Gustav Specht zu seinem Vorteil nutzte und die Brauerei kaufte. Zum Glück für den Bier-Individualismus im Erzgebirge, denn sein Sohn Gerd und dessen Sohn Axel (übrigens ein studierter „Brauereiwissenschaftler") sind dem Handwerk bis heute mit wachsendem Erfolg treu geblieben.

Sechs Sorten verlassen das Haus in schöner Regelmäßigkeit. Damit sich die Produktion so entfalten konnte, mussten die alten Maschinen Schritt für Schritt durch neue Anlagen ersetzt werden. Angefangen hatte es zu Beginn der 90er Jahre mit dem Flaschenkeller, 2010 stattete man den Gärkeller mit neuen Edelstahl-Bottichen und stählernen Lagertanks aus. Auch das Sudhaus ist komplett renoviert und modernisiert . Wer dort hinein gelangt, der wird von einem stilisierten Specht begrüßt, der als Fliesen-Ornament den Fußboden des Sudhauses ziert – wie auch, nur viel kleiner, die Kronkorken einer jeden Flasche.

Der Specht prägt auch die Kronenkorken der gleichnamigen Brauerei in Ehrenfriedersdorf.

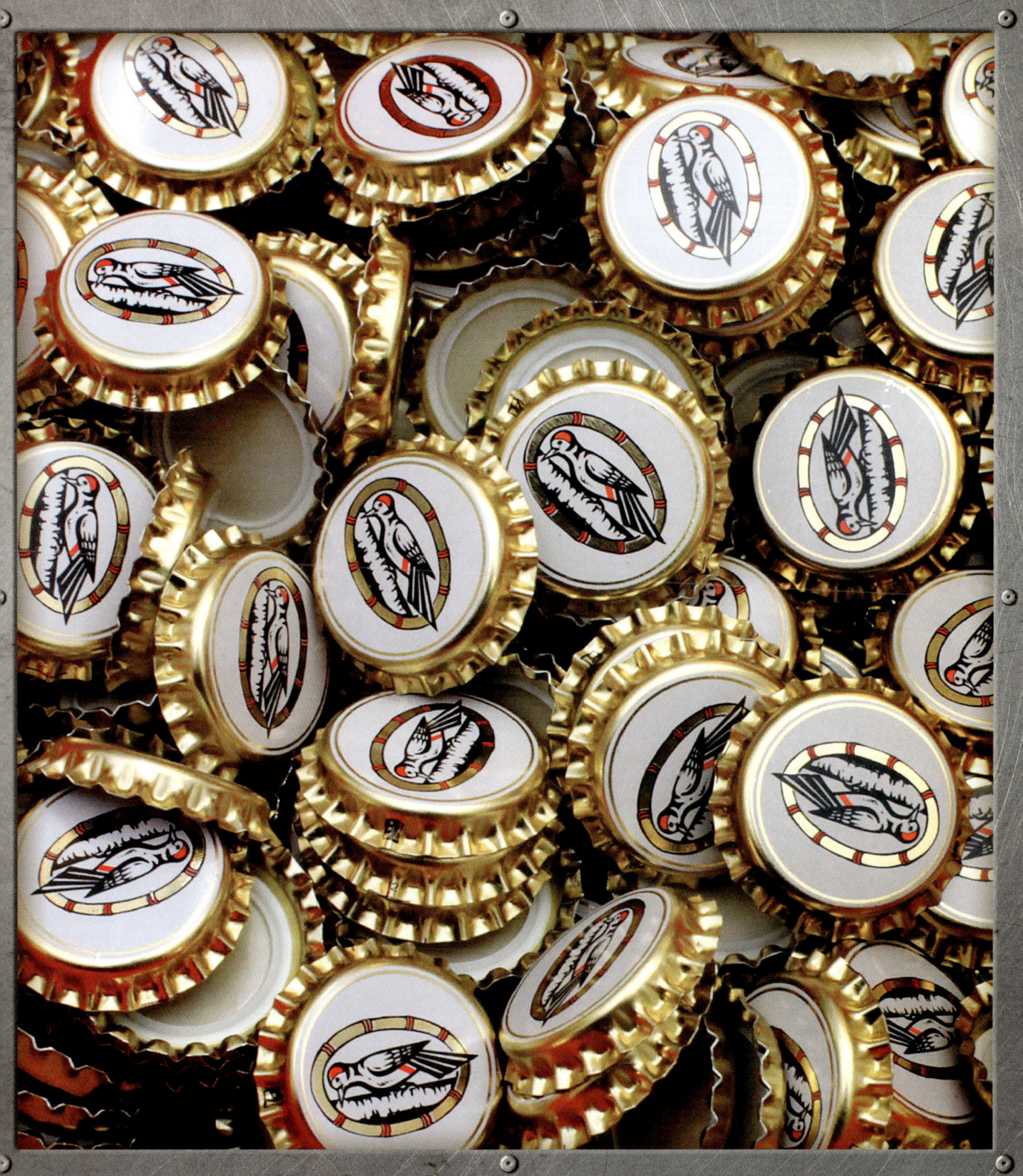

John Langer, Brauer und Mälzer bei Specht in
Ehrenfriedersdorf, kontrolliert das Maischen.

Freilich: Auf Besuchergruppen ist man in Ehrenfriedersdorf nicht eingerichtet. „Unsere Räumlichkeiten bieten uns dafür keine Möglichkeiten", hebt Seniorchef Gerd Specht bedauernd beide Arme. Mit leeren Händen muss er trotzdem Niemanden fortschicken – der Werksverkauf funktioniert und wird auch von den Specht-Freunden aus dem Ort gern angenommen. Trotzdem ist es wohl gemütlicher, das Specht-Bräu in einer der zahlreichen Vertrags-Gaststätten der Region zu probieren, wovon das „Erzgebirgsstübel" in Ehrenfriedersdorf, die „Waldschänke" im benachbarten Geyer und der Waldgasthof „Am Sauwald" in Tannenberg als besonders urige Einkehr zu empfehlen sind.

◇

Privatbrauerei Specht

Thomas-Mann-Straße 17,
09427 Ehrenfriedersdorf
Fon: 037341-2229,
Internet: www.privatbrauerei-specht.de
Email: info@privatbrauerei-specht.de

Bier-Sorten: Pilsener (frisch, kräftig bitter – 12% Stammwürze), Specht Landbier (malzaromatisch, vollmundig mit dezentem Hopfen – 12 % Stammwürze), Export (süffig mit aromatischem Hopfen – 12,9 % Stammwürze), Spezial (edelherb mit feinem Aromahopfen für besondere Anlässe – 12,9 % Stammwürze), Schwarzer Specht (ganzjährig, dunkel, süffig, mild-malziges Starkbier – 16 % Stammwürze), Bock (saisonal von September bis April, traditionelles, ausgeprägt malziges Hell-Bock – 16 % Stammwürze)
Service: Abfüllung von Party-Fässchen für 15, 20, 30 und 50 Liter plus Schank-Kühler-Verleih (14-tägige Vorbestellung)

Alle zwei Jahre (gerade Zahlen) im Sommer Brauereifest auf dem Specht-Firmengelände.

Sehenswürdigkeiten der Region: Besucherbergwerk „Sauberg" in Ehrenfriedersdorf mit Allergiker-Behandlungsstollen, Felsformation „Greifensteine" mit Stausee und Campingplatz (3 km), Sankt-Annen-Kirche in Annaberg-Buchholz (12 km)

Juniorchef und Braumeister Axel Specht.

Im Lagerkeller der Privatbrauerei Specht.

Nach Tageslast u. Müh bei frohen Festen; wir trinken Heimatbier, das schmeckt am besten.

Greifensteinquell

Von der Genossenschaftsbrauerei zu Ehrenfriedersdorf. Erzgeb.

Firmen-Plakat um 1900. Damals wurde das „Greifensteinquell", benannt nach einer berühmten Felsformation in der Nachbarschaft des Ortes, beworben.

Andrea Doschek kontrolliert mittels Leuchtschirm, ob alle Flaschen von alten Etiketten und Verunreinigungen befreit sind – erst dann geht es zur Abfüllung.

John Langer, Brauer und Mälzer, am Steuerplatz der Brauerei. Hinten Seniorchef Gerd Specht.

BRAUEREIEN IN MITTELSACHSEN

Aus der Oberpfalz an die Mulde

Brauerei Penig

Ihr Bekenntnis zum Bier haben die Peniger wortwörtlich in Stein gemeißelt. Die Unterwelt der Muldestadt verdankt dem Gerstensaft überhaupt erst ihre Existenz. Dieser Ansicht sind jedenfalls die Historiker, die der Kellerberganlage, einem uralten unterirdischen Felslabyrinth aus Gängen und Gewölben, bescheinigen, der Lagerung von Bier gedient zu haben. Die Ganganlage wurde vermutlich genutzt, weil die einst zahlreich vorhandenen Hausbrauereien wegen des Grundwassers der Mulde keine Keller besaßen. In den weitläufigen Kellerbergen herrschten dagegen bei konstanten Temperaturen um 8 - 10 °C ideale Lagerbedingungen für Bier. Kein Wunder, dass die Peniger Brauerei diese regionsspezifische Attraktion aufgriff und den Kellerbergen eine eigene Biersorte, das „Peniger Kellerberg Schwarzbier", widmete.

Mit Erfolg – das Bier gewann schon zweimal in Nürnberg den Gold Award des European Beer Star. Das war keineswegs eine Selbstverständlichkeit, denn die Voraussetzungen für den Fortbestand der traditionsreichen Brauerei sind zeitweise fraglich gewesen. Schon die 1972 erfolgte Verstaatlichung des Betriebes, der jährlich 84.000 Hektoliter Flaschengetränke produzierte, bedeutete eine Zäsur. Die Brauerei wurde zu einem Betriebsteil der Löwenbräu Mittweida, später gehörte sie zu Braustolz. 1989 endete der Braubetrieb in Penig, lediglich der Abfüllbetrieb lief noch weiter. 1991 übernahm die Familie Weber von der Brauerei Wolfshöhe die Peniger Brauerei und führte in der Folgezeit umfangreiche Sanierungsmaßnahmen durch. Als „Erste Peniger Familienbrauerei" versuchte das Unternehmen seinen Platz auf einem zunehmend härter werdenden Markt neu zu erobern. Vergeblich, 1997 musste die Brauerei das erste Mal in ihrer langen Geschichte schließen.

Maximilian Hösl, der heutige Geschäftsführer der Brauerei, ist von Beruf Brau-Mälzmeister und Getränketechniker. Der 52-Jährige erzählt, wie seine Familie aus der Oberpfalz nach Penig kam und den Braubetrieb in der Muldestadt wieder aufnahm: „Mich rief ein Getränkeverleger an und sagte mir, dass in Penig eine Stadtbrauerei leerstand. Ich hatte eine gute Anstellung als Braumeister und auch meine Frau hatte einen sicheren Job, doch die Herausforderung, die Peniger Brauerei zu übernehmen, reizte uns." Gemeinsam mit seiner Frau reiste Hösl nach Penig, sah sich den Betrieb an, führte Gespräche mit dem Bürgermeister – und blieb. „Überzeugt hat uns nicht zuletzt das Engagement der Stadt

Peniger Bier wird in Flaschen mit den beliebten Bügelverschlüssen ausgeliefert.

und ihres Bürgermeisters Thomas Eulenberger. Er wollte auf jeden Fall wieder eine Brauerei in Penig haben." Am 19. Oktober 1998 übernahm Familie Hösl die Brauerei und führt das Unternehmen seither als „Peniger Spezialitäten Brauerei" weiter. Inhaberin Ingrid Hösl leitet die Organisation und Verwaltung der Brauerei, Maximilian Hösl widmet sich der Produktion und Kundenbetreuung und auch die Nachfolge ist gesichert: Sohn Maximilian Hösl Junior arbeitet ebenfalls in der Verwaltung der Firma. Die Peniger Brauerei ist ein traditionsreiches Unternehmen. Seit die Stadt 1485 das Braurecht erhalten hatte, kann in der Muldestadt von der Bierherstellung ausgegangen werden. Wie in frühester Zeit üblich, dürften etliche Hausbrauereien entstanden sein; die Kellerberge müssen

in den folgenden Jahrhunderten eine wahre Hochkonjunktur erlebt haben. Man stelle sich vor: ein unterirdisches Gangsystem, das von einem Bierkeller zum nächsten führt, und in jedem der zahlreichen, über drei Ebenen verteilten Gewölbe lagert duftender Gerstensaft! Nach der Bereitstellung eines Brauhauses durch die Stadt im Jahr 1562 nahm die Brauerei einen zentralen Platz in der Brauhausgasse nahe des Marktes ein. Dort befindet sich die Peniger Spezialitätenbrauerei noch heute.

Auch wenn die Peniger Biertradition bis ins 15. Jahrhundert zurückgeht, als eigentliches Gründungsjahr der heutigen Brauerei gilt das Jahr 1706. Bei der grundhaften Sanierung der Brauerei im Jahr 1929 fand man einen Schlussstein mit eben jener Jahreszahl. Er wurde über die Eingangstür an der Chemnitzer Straße gesetzt, wo er noch heute zu sehen ist. Die Sanierung erfolgte seinerzeit unter der Regie des damaligen Inhabers Georg Forberger. In Besitz seiner Familie befand sich, über mehrere Generationen verteilt, die Brauerei fast ein Jahrhundert, von 1886 bis 1972.

Die heute gefragtesten Peniger Biersorten neben dem schwarzen Kellerbergbier? „Pilsner läuft gut, auch das Edelbockbier ist besonders gefragt, im Kommen ist außerdem das Peniger Landbier in den kleinen 0,33-Liter-Flaschen", sagt Maximilian Hösl. Eine weitere Besonderheit stellt das Festhalten an den urigen Bügelverschlussflaschen dar. Die Peniger Privatbrauerei gehört, was diese Flaschenart anbelangt, sachsenweit zu deren größten Abfüllern. Auf die Unterschiede zwischen sächsischen und bayerischen Biergewohnheiten angesprochen,

1706 gilt als Gründungsjahr der Peniger Brauerei. Die Brautradition in der Muldestadt geht noch weiter, bis ins 15. Jahrhundert zurück

verweist der Braumeister auf die strukturellen Unterschiede aus Brauersicht: „Damit meine ich die Gaststätten. In Bayern gibt es Gaststätten, hier gibt es Gaststätten. Nur: Früher hatte jede Brauerei zehn bis fünfzehn eigene Wirtshäuser, das gibt es hier nicht. Der Betrieb musste wieder bei null anfangen, ohne Kunden, ohne eigene oder Vertragsgaststätten. Und auch die demographische Entwicklung spielt eine Rolle." Es gibt Überlegungen, ein Spezialbier für junge Leute auf den Markt zu bringen, ein Vorhaben, das erneute Investitionen erfordert, die es zu erwirtschaften gilt. Die Stadt Penig bringt auf alle Fälle das passende, historisch gewachsene Umfeld mit, wie Maximilian Hösl in Bezug auf die städtische Lage der Brauerei zwischen Kirche und Rathaus bestätigt: „In Penig ist die Welt noch in Ordnung. Kirche, Brauerei und Rathaus liegen hier auf einer Linie."

◇

Peniger Spezialitätenbrauerei
Lutherplatz 2, 09322 Penig
Tel. 037381-80370, www.peniger.de

Brau- und Mälzmeister Maximilian Hösl mit Sohn Maximilian Hösl Junior, der ebenfalls in der Brauerei mitarbeitet

„Eine Tonne Freybergisch Bier..."

Freiberger Brauhaus

In der Abfüllhalle herrscht rege Betriebsamkeit. Wie die Ameisen aus ihrem Bau, quellen frische Flaschen aus dem garagengroßen Waschautomaten hervor, reihen sich auf der Schiene zum Abfüllkarusell ein und verlassen dieses in Sekundenschnelle wieder, jetzt gefüllt und schon verkorkt, um sich auf den Weg zur Etikettiermaschine zu machen. 50.000 Flaschen erhalten so innerhalb einer Stunde ihren golden schimmernden Gerstensaft. Der gesamte Prozess lässt sich von der Galerie des Bürotrakts, durch eine Glaswand getrennt, lückenlos überschauen. Gleich nebenan befindet sich die Steuerzentrale, ein mit Computern, elektronischen Anzeigen und Knöpfen ausgestatteter Raum, der an das Herzstück eines Kraftwerks erinnert. „Das Mischen von Hopfen, Hefe, Wasser und Malz geschieht nicht mehr von Hand, sondern wird durch den Computer eingesteuert. Wir sind eine der modernsten Brauereien Europas", sagt Andrea Berndt, im Freiberger Bauhaus für die Öffentlichkeitsarbeit zuständig.

Das Brauen hat in Freiberg eine lange Tradition. Die Silberfunde auf Freiberger Flur ließen den Ort rasch zur Stadt wachsen. Bergarbeit macht durstig; der Bierausschank entwickelte sich in der Bergstadt zu einem einträglichen Geschäft.

Bereits 1266 sprach Heinrich der Erlauchte Freiberg das alleinige Recht zu, die sächsischen Bergbaugebiete mit Bier zu versorgen, indem er anordnete „...auf allen gewinnhaften Zechen nur noch Freybergisch Bier zu verkaufen." Das Freiberger Brauwesen verknüpfte sich so schon früh mit dem Nerv des Erzgebirges, dem Bergbau. Es erfreute sich eines guten Rufs, das Freiberger Bier und sein Genuss beschränkte sich keineswegs nur auf Bergleute. So dichtete beispielsweise um 1628 der Freiberger Konrektor, Chronist, Arzt und Poet Andreas Möller: „Auch eine Tonne Freybergisch Bier – es wahr gut, wir lipperten gewaltig fiehr, wir trunkens geschwind rümb aus dem Topf, wahrlich Gott, es stieg uns in den Kopf."

Aus den anfangs einfachen Brauereien entwickelten sich in der Bergstadt nach und nach etablierte Brauhäuser. Mitte des 19. Jahrhunderts bündelten sie ihr Potenzial unter dem Dach einer Genossenschaft. 1898 ging daraus eine der ersten deutschen Brauerei-Aktiengesellschaften, die „Bürgerliche Brauhaus Freiberg AG" hervor. Die Biere des Unternehmens hatten zu diesem Zeitpunkt längst ihre Liebhaber gefunden. Neben Arbeitern und Poeten dürften auch die Studenten und Professoren der berühmten Berg-

50.000 Flaschen werden in Freiberg stündlich mit dem edlen Gerstensaft abgefüllt.

akademie, die Beamten des Bergamts oder die Militärs der Jägerkaserne gerne einmal zu einem Glas Freiberger gegriffen haben. Gelegenheit dazu boten unter anderem manche Hotels und Restaurants der Stadt, wie etwa der zur Brauerei gehörende Brauhof.

Nach dem Zweiten Weltkrieg erfolgte die Enteignung und Umwandlung des Unternehmens in einen volkseigenen Betrieb. In späteren Jahren gehörte die Brauerei bis zur Wende zum VEB Getränkekombinat Karl-Marx-Stadt. Nach der Übernahme des Betriebs durch die Eichbaum-Brauereien AG im Jahr 1990 erfolgte die Wiederumwandlung des Freiberger Brauhauses in eine Aktiengesellschaft.

Um für den sich rasch verändernden Markt gerüstet zu sein, schlug die Firma ein vollkommen neues Kapitel auf: Mit der größten Investition der Freiberger Brauereigeschichte startete man in die Zukunft. Vor den Toren der Stadt wuchs auf einer Fläche von 35.000 Quadratmetern eine komplett neue, nach modernsten

In Freiberg wurde mehrfach in neue Technik investiert.

Gesichtspunkten gestaltete Brauerei empor. Die Eröffnung 1996 sicherte der Bergstadt nicht nur den Fortbestand eines traditionellen Gewerbes, sie bewahrte der gesamten Region auch ein Stück ihrer Identität. Seit der 2006 erfolgten Übernahme durch die Radeberger Gruppe (zu Dr. Oetker gehörig) firmiert das Freiberger Brauhaus als GmbH. Eine weitere Investition bescherte der Brauerei neue Abfülltechnik. Die zukunftsweisenden Maßnahmen zahlten sich aus. Nach Angaben des Unternehmens verzeichnet das Freiberger Brauhaus auf einem nicht einfacher werdenen Markt eine stabile Absatzentwicklung. „Unser Vertriebsgebiet umfasst ganz Ostdeutschland. Freiberger können Sie auf der Insel Hiddensee genauso kaufen wie im äußersten Zipfel Thüringens", sagt die Unternehmenssprecherin. Zum Erfolg trägt wesentlich die Hauptmarke „Freiberger Pils" bei. Das nach Pilsner Brauart hergestellte, stark gehopfte helle Bier, machte sich mit dem Slogan: „Naturherb-Frischer Pilsgenuss" überregional einen Namen. „Freibergisch Schwarzes Bergbier" wiederum erinnert an bergmännische Traditionen wie etwa die Knappschaftsfeste, die zu Zeiten des Oberberghauptmannes Herder eine Wiederbelebung erfuhren. Seit 2010 rundet das neu ins Angebot aufgenommene „Freiberger Alkoholfrei" die insgesamt acht Biersorten des Freiberger Brauhauses ab.

Eine moderne Geschäftsstrategie verbunden mit dem Bekenntnis zu Region und Tradition sichern dem Unternehmen mit seinen ca. 180 Mitarbeitern, darunter zwölf Lehrlinge, seine Position am Markt. Aktives Marketing und Sponsoring tragen wesentlich zur Bekanntheit der Freiberger Biere bei. So unterstützt das Freiberger Brauhaus schon seit Jahren die drei sächsischen Eishockey-Manschaften in Dresden, Weißwasser und Crimmitschau. Doch auch kleine Vereine können auf Unterstützung zählen. Weiterhin gehören die Stadtfeste in Dresden, Chemnitz und Leipzig sowie das Bergstadtfest in Freiberg zu den festen Größen im Jahreskalender der Brauerei. Und nicht zu vergessen: das auf dem Firmengelände veranstaltete Brauhausfest! Dieser besondere Höhepunkt findet jedes Jahr am ersten Augustwochenende statt. Andrea Berndt: „Eigens für das Fest wird der ganze Hof leer geräumt, es wird eine Bühne aufgestellt und es gibt ein anspruchsvolles Programm. Das Fest beginnt Freitagabend, Schwerpunkt ist der Samstag für die ganze Familie, es gibt kostenlose Brauereiführungen und vieles mehr. Für die Freiberger und ihre Besucher ist das Fest jedes Jahr aufs Neue ein Publikumsmagnet."

— ◇ —

Freiberger Brauhaus GmbH
Am Fürstenwald, 09599 Freiberg,
Tel. 03731-363-0
www.freibergerpils.de

Brauhausfest:
jährlich am ersten Augustwochenende

Brauereiführungen:
Mo-Sa. nach telefonischer Voranmeldung
unter Tel. 03731-363200

Die imposante Abfüllanlage der Freiberger Brau-erei läuft im Hochbetrieb.

BRAUEREIEN
IM VOGTLAND

STERNE AUS DEM VOGTLAND

STERNQUELL-BRAUEREI PLAUEN

Das Vogtland, jene sanfte Gebirgsregion in Westsachsen, hat einen musikalischen Star und einen flüssigen Stern: Stefanie Hertel bezaubert seit Jahren mit ihrer sympathische Stimme die Freunde der Volksmusik, und nicht selten erquickt sich das Publikum dann hinterher in geselliger Kneipenrunde bei einem zünftigen Glas Sternquell.

Die Heimat der beiden Sternchen liegt nicht weit voneinander entfernt: Stefanie stammt oben aus Oelsnitz. Die Sternquell-Brauerei hat ihren Ursprung in Plauen. Sie wurde 1857 im nordwestlichen Stadtviertel gegründet, genau unter der Friedensbrücke, an einer der tiefstgelegenen Stellen im Ortsgepräge: dem Syratal.

Nicht von ungefähr – denn just hier springt ein Felsmassiv vor, in dem einst das Bier gekühlt und gelagert wurde. Was ja bis zur Erfindung von Kältemaschinen für die Bierzunft unerlässlich war...

Inzwischen haben sich die technischen und auch die logistischen Voraussetzungen aber grundlegend gewandelt: Und so kam es, dass die Sternquell-Produktion aus dem Herzen der Stadt herausgezogen wurde an die Ostgrenze von Plauen. Heute stehen die Gärbehälter quasi im Grünen, im Gewerbepark, mit direktem Anschluss zur Autobahn 72.

Wer hier dem Bier auf die Spur kommen will, der lernt vor allem die technische Seite einer Großbrauerei kennen – mit Labor, Flaschenabfüllung und natürlich den Anlagen für den eigentlichen Gärprozess. Die seit 1995 dort im Auf- und Ausbau befindliche Brauerei sowie das zugehörige Abfüll- und Logistikzentrum nahe der Ortschaft Neuensalz sind absolut besucherfreundlich eingestellt: Zahlreiche Schilder klären über technische Prozesse auf, historische Plakate erzählen ein Stück Sternquell-Geschichte – kurz: Der Gast wähnt sich in einer „gläsernen Fabrik". Wenn man Glück hat, dann wird der Rundgang von Klaus Mühlfriedel geleitet, der

Das historische Firmengebäude in der Plauener Innenstadt mit dem charakteristischen Darr-Fax auf dem Schornstein.

Sortenschilder der Sternquell-Biere von 1950 bis 1958.

hier einst „Direktor für Absatz und Beschaffung", später Versandleiter war, jetzt aber im verdienten Ruhestand ist. Er kennt das Unternehmen von der Pike auf, kann Fachliches leicht fasslich erklären und würzt seinen Vortrag mit unterhaltsamen Anekdoten.

Doch eine Betriebsführung bringt das Plauener Bier nur von einer Seite nah. Die andere – wohl lebensfrohere – entdeckt man in zahlreichen Kneipen und Restaurants sowie vor allem anlässlich der vielen kulturellen Höhepunkte in und um Plauen: So wird das Bier der Vogtlandmetropole etwa beim jährlichen großen „Hexenfeuer" in der Walpurgisnacht ausgeschenkt, zum Frühlingsfest Mitte Mai und im Juni lockt dann das „Plauener Spitzenfest". Jedes Jahr im September gibt es an der neuen Produktionshalle eine traditionell-zünftige Brauerei-Fete. Und Anfang November wird in Plauens Festhalle das Sternquell Bock angezapft. Der „Eventkalender" umfasst weitere interessante Termine und ist im Internet unter www.sternquell.de einsehbar.

Klaus Mühlfriedel, früher leitender Angestellter, heute Führer durch das neue Brauereizentrum in Neuensalz.

Sternquell Brauerei GmbH Plauen

Dobenaustraße 83, 08523 Plauen,
Telefon: 03741-2110

Brauerei-Gaststätte:

„Tennera", Tennera 20, 08525 Plauen
Brauerei-Besichtigungen nach Voranmeldung
(drei Wochen im Voraus) – Preis pro Person 6 Euro

Das Sternquell-Sortiment umfasst nur untergärige
Vollbiere: Pils, Premium Pils (12 % Stammwürze),
Diät-Pils, Kellerbier, Dunkel, Bock, Sommerbier
(3,6 % Alkohol), Weihnachtsbier (13,2 % Stammwürze), Gold plus Lemon

Ausflugsziele in der Nähe: Kulturzentrum
Malzhaus, Plauener Spitzenmuseum, Vogtland-
theater (alle im Stadtzentrum), Elstertalbrücke
(5 km, Stadtgrenze Richtung Jößnitz), Drachen-
höhle Syrau (10 km, E 49 Richtung Schleiz)

*Das neue Brauereizentrum: Blick von der Besucher-
galerie auf die Tanks der Abfüllanlage.*

BRAUHANDWERK DER ALTEN SCHULE

PRIVATBRAUEREI BLECHSCHMIDT, TREUEN

Unzählbar scheint die Sammlung der kleinen Porzellan-Hütchen, die bei Arndt Blechschmidt im Museum seines Hauses in mehreren Vitrinen zusammengestellt sind. Hunderte, möglicherweise aber auch Tausende der kleinen runden Pfropfen, welche einst die beliebten Bügelverschluss-Flaschen krönten, sind in Reih und Glied angeordnet. Und zwar so, dass man die alten Werbeaufdrucke lesen kann. Dabei offenbart sich unter anderem die einstige Vielfalt sächsischer Brauereien und Bierabfüllbetriebe: Denn jedes Hütchen gehörte mal zu einer eigenständigen Bier-Sorte.

Gleich um die Ecke sind antike Maschinen früherer Bier-Industrie aufgebaut, darunter solche Meilensteine wie die „erste mechanische Flaschen-Abfüllanlage der Welt", aber auch DDR-typische Reinigungsmaschinen für Flaschen, Bierfilter, Mälzereigeräte, Böttcherhandwerkzeug, Geräte zur Eisernte und vieles mehr. Etwas älter ist eine massig wirkende, mit Pferden betriebene Hopfenpresse – zur luftdichten Verpackung des edlen Bier-Würzmittels.

Das wohl sensationellste Exponat allerdings findet sich zwei Etagen weiter unten. Der Blick ins Maschinenhaus ist eine Offenbarung für Bierfreunde wie Technik-Fanatiker gleichermaßen: Bei Arndt Blechschmidt, dem Inhaber und Geschäftsführer der Brauerei Treuen, steht eine gewaltige historische Dampfmaschine, deren liegender Zylinder fast die gesamte Länge des Raumes einnimmt und deren Transmissionen sich an Wänden und Zimmerdecke entlang ziehen. Wollte man die handwerkliche Kunst des Brauens mit geradezu archaisch wirkender Mechanik auf einen Nenner bringen – hier ist genau der richtige Ort dafür. Zwar wird in Treuen schon längst nicht mehr mit der Dampfmaschine produziert, aber man kommt bei einer Besichtigung nicht von dem Eindruck los, dass es sofort wieder möglich wäre...

Diese Empfindung wird auch durch die kurze historische Einführung nicht abgeschwächt, bei der Arndt Blechschmidt seinen Gästen berichtet, dass die Anlage zwar als technisches Denkmal stehen geblieben, aber nicht zum Stillstand verdammt ist. Um sie jedoch überhaupt in Betrieb nehmen zu können, bedarf es eines kraftvollen Elektromotors mit Sonder-Anlaufschaltung, dank derer die enorme Trägheit des massiven Schwungrades, Durchmesser 2500 Millimeter, überwunden werden kann.

Diese Dampfmaschine, gekoppelt mit einer original „Linde"-Kältemaschine, wurde im Jahr

Das alte Sudhaus der Brauerei Blechschmidt. Unter den Kupferdächern der Pfannen befinden sich moderne Edelstahlkessel.

Im Museum der Brauerei Blechschmidt. Eine Flaschenwaschanlage aus DDR-Zeiten.

Ein Exemplar der ersten Bierabfüllanlage der Welt.

1904 gebaut und ist noch voll funktionsfähig. Arndt Blechschmidt ist Brauermeister in 7. Generation und hat die Brauerei von Großvater und Vater übernommen, welche beide hier wirkten. Der Treuener versteht sich als Meister der „alten Schule" und betrachtet Brauen als ganzheitliches Handwerk. Unter diesem Aspekt stellt er auch seine Spezialitäten her: naturbelassen, unverfälscht, urig, herbfrisch.

Er sieht dies als Beitrag zur Erhaltung der Biervielfalt und einer langen Brautradition in seinem Vaterhaus, das 1483 gegründet wurde, mehrere Besitzer hatte und leider auch einige Male abgebrannt ist. Die großen Kupferhauben für Sudkessel und Läuterbottich stammen aus den Jahren 1888 und 1910 und sind ein weiteres Schmuckstück, das von Besuchern gern fotografiert wird. Eine Besichtigung endet in Treuen im hauseigenen Getränkemarkt, wo die durchweg untergärigen Sorten der Privatbrauerei Treuen verkostet werden können.

◇

Privatbrauerei Blechschmidt
Straße der Jugend 33, Telefon: 037468-2867

Bier-Sorten: Treuener Pilsner, Vogtland-Bräu Spezial, Vogtland Bräu Schwarzbier, Treuener Bock, Hutzen-Bräu (dunkles Spezialbier mit Roggenmalz-Anteilen)

Brauereiführung inklusive Besichtigung des Brauereimuseums mit Verkostung für Gruppen ab 10 Personen, mit Vor-Anmeldung, pro Person 6 Euro

Jährlich am letzten Wochenende im Mai findet der Treuener „Hutzentag" statt – zu diesem zweitgrößten Stadtfest liefert die Privatbrauerei Blechschmidt das „Hutzen-Bräu".

Zum jährlich stattfindenden Tag des Denkmals im September sind ebenfalls Aktivitäten geplant.

Arndt Blechschmidt auf der Sudpfanne, rechts der Maischebottich, dessen Rührwerk noch mit einem Kegelgetriebe bewegt wird.

Historische Dampfmaschine, die noch in Gang gesetzt werden kann – allerdings mit einem Elektomotor. Sie treibt eine original Linde-Kältemaschine von 1904.

Kronkorkensammlung in Treuen.

Vogtländisches Theater rund ums Bier

Brauereigasthof „Bayerischer Hof“, Grünbach

Um es vorweg zu nehmen: Nein – im „Bayerischen Hof" wird kein Weizenbier hergestellt. Man fragt sich trotzdem, wie der Name des Hauses wohl zu verstehen ist, da der weiß-blaue Freistaat nicht allzu weit entfernt ist.

„Es war offenbar so, dass die Gastwirte vor 1945 hier Bier aus Bayern ausgeschenkt haben" mutmaßt Ines Apfelstädt, die Betreiberin des Hauses – eins von 130 Hotels weltweit, die sich „Bayerischer Hof" nennen. Sozialistische Betonköpfe verfügten zu DDR-Zeiten freilich, dass das Lokal in Grünbach den Namen „Rehhübel" im Schilde führen musste. Was Familie Apfelstädt gleich nach ihrer Amtsübernahme 1992 wieder rückgängig machte.

Doch der Erlebnisgasthof liegt auf sächsischem Gebiet. Allerdings müssen Ortsfremde schon sehr genau auf die Karte sehen, wollen sie nach Grünbach gelangen. Der Ort versteckt sich in den Hügeln des Vogtlandes, und es kann beim ersten Versuch passieren, dass man ihn verfehlt – was einfach dem Umstand geschuldet ist, dass die beiden südlichen Haupttrassen der Region (Klingenthal – Eibenstock bzw. Plauen – Aue) stracks daran vorbei führen.

Bier wird hier erst seit 1998 gemacht, als sich die Apfelstädts zu der bedeutenden Investition in eine Hausbrauerei entschlossen. Damit wollten sie das Angebot ihres mit Physiotherapie, Biergarten, Musikhalle, Theatersaal, Schwimmbad und Sauna ohnehin schon gut aufgestellten Erlebnis-Gasthofes vertiefen. Aber es kam ihnen auf einen heimatverbundenen Aspekt mit breiter Wirkung an.

Glücklicher Zufall war es daher, dass mit Roy Hartenstein ein vogtländischer Spross die Bier-Geschicke in Grünbach zu lenken begann: Der junge Brauer und Mälzer hat sein Handwerk bei Sternquell in Plauen erlernt – er weiß, worauf es bei einem Bier des Vogtlands ankommt.

Als einer der jüngsten Mitarbeiter des Hauses sorgt er dafür, dass eines der ältesten Kulturgüter des Menschen immer frisch im Hahn ist. Für eine kleine Hausbrauerei bringt er ein anständiges Sortiment zusammen: macht zusätzlich zu untergärigem Hell und Dunkel (beide mit naturbelassener Hefe) auch noch Extra-Chargen für Restaurants in benachbarten Ortschaften – wie etwa eine dunkle Hausmarke für den Gasthof in Zwota oder die Schankbiere für den Gasthof in Buchwald, was in beiden Fällen dem Vogtland noch mehr Eigenständigkeit und Individualismus in Sachen Bier gibt. Dazu tragen auch die Saisonspezialitäten im Grünbacher Brauereikalender bei.

Brauer Roy Hartenstein stellt Helles, Dunkles und mehrere Spezialbiere her.

Darüber hinaus bietet der Bayerische Hof jedem (wissens)durstigen Gast die wirklich umfangreiche Möglichkeit, Bier zu erleben. Dazu hat man eigens drei Specials zusammengestellt, lädt zum „Bier-Abend", zum „Brau-Tag" oder zum Drei-Tages-Workshop zum Thema Gerstensaft ein, wo man in mehr oder minder ausgeprägter Form dem Meister bei der Arbeit zusehen und sogar zur Hand gehen kann: Nach ein bisschen Theorie am Vortag geht es dann richtig zur Sache. Es wird gemeinsam eingemaischt, ausgetrebert, gewürzt, geläutert und gesiedet, bis man nach getaner Handarbeit den Abend in der hauseigenen Destille mit einer Bierbrand-Verkostung ausklingen lässt. Am nächsten Tag bietet sich die Möglichkeit der Kellerbesichtigung. In Grünbach wird in offenen Tanks vergoren – so haben Besucher die Möglichkeit, dem Bier beim „Wachsen" zuzuschauen; etwa, wenn sie die Tiefe der „Kräusen" messen.

Und dann gibt es noch eine Möglichkeit, dem Grünbacher Bier auf die Spuren zu kommen. Diese ist schmackhaft, unterhaltsam und amüsant gleichermaßen. Allerdings kann man sie nur im Frühjahr und im Herbst erleben. Denn dann hat das Mundarttheater „Kottengrüner Trämpele" Saison. Und zwar im Saal des „Bayerischen Hofs", der auf Betreiben von Ines Apfelstädt zur ständigen Bühne der Laiendarsteller geworden ist. Die Zusammenarbeit war bisher für beide Seiten von Nutzen: Denn die Besucher kommen scharenweise zu den Inszenierungen. Und dass man dort ein gepflegtes Hausbräu zum Mundart-Spaß kredenzt, versteht sich von selbst: Mit angefeuchteter Kehle lacht es sich nun einmal am besten...

◇

Erlebnisgasthof „Bayerischer Hof" Grünbach

Muldenberger Straße 19, 08223 Grünbach
Telefon: 03745 789760
Internet: www.bayerischerhof-gruenbach.de.
Email: info@bayerischerhof-gruenbach.de

Geöffnet Mo., Mi., Do., Fr. jeweils ab 17.30 Uhr, Sa., So. Feiertage jeweils ab 11 Uhr

Hausbrauerei, Gaststube „Rehhübel", Destillerie, sommers Biergarten, Lappland-Grillhütte
Brauerei-Führung kurzfristig, für Tagestouristen spontan möglich – freier Eintritt
Bier-Abend ab sechs Personen auf Vorbestellung – mit Brauereibesichtigung und Büffet, Bier- und Bierbrand-Verkostung. 29 Euro pro Person
Bier-Tag für Gruppen ab sechs Personen auf Vorbestellung – mit Beteiligung am Brauprozess, Besichtigung von Sudanlagen und Gärkeller, mittags Imbiss, Destilleriebesichtigung, Brand-Verkostung, abends Brauer-Büffet. 38 Euro pro Person
Bier-Diplom an drei Tagen inkl. 2 Übernachtungen im DZ, Frühstück, Abendmenü oder Büffet, komplette Brauereiführung und Beteiligung am Brauprozess, Kurzlehrgang zum Thema Bier, Schwimmbad- und Saunanutzung, Vogtland-CARDtourist, Bier-Diplom, 136 Euro pro Person im Doppelzimmer

---

Sortiment: „Helles" Pilsener Art (unfiltriert, 5% Alkohol), „Dunkel" (Untergärig, 5 % Alkohol), Märzen, Maibock, Braunbier, dunkler Bock, Weihnachtsbier, Doppelbock, Bierbrause (Art Radler)

Vertragsgaststätten: „Pfannekuchenkeller" Grünbach (Bowlingbahn), Gasthof Zwota, Gasthof Buchwald – dort wird jeweils Grünbacher Bier ausgeschenkt

Ausflugsziele in der Region: Talsperre Muldenberg (5 km), Schloss Falkenstein (5km), Raumfahrtmuseum Morgenröthe-Rautenkranz (10 km)

Bei Bierführungen und Bierseminaren dürfen die Teilnehmer auch einen Blick in die Gärkeller werfen. Hier wird der Alkohol im Gärbottich gemessen.

Die Braustube im Musikwinkel

„Erlbacher Brauhaus", Erlbach

Von allen sächsischen Brauereien liegt diese am weitesten im Süden: Fährt man vom vogtländischen Falkenstein aus gen Eger in Tschechien, dann kommt man zwangsläufig an Erlbach vorbei – es liegt auf dieser Route nur ein paar Kilometer vor Böhmen. Auf der Landkarte sieht das aus, als habe einer den Ort in den Grenzwinkel hinein gestopft.

Nun hat das Wort „Winkel" im Vogtland ja Doppel-Bedeutung: jenes Areal im Süden wird auch als „Musikwinkel" Sachsens bezeichnet. Denn in den Orten ringsum haben zahlreiche Instrumentenbauer ihre Werkstätten – vor allem in Markneukirchen und Klingenthal. Da scheint es fast zwingend notwendig, dass ein Landstrich, in dem so viel künstlerisches Handwerk ausgeübt wird, auch sein eigenes Bier verlangt.

Ein eigenes Bier! Klingt spannend – aber was ist damit gemeint? Tatsächlich bekommt man auf die Frage, was denn das Erlbacher Bier auszeichne, erstmal eine Antwort, die zu den Menschen hier passt: „Unser Bier hat Charakter – es ist weder bayerisch noch norddeutsch, nicht ganz so herb, aber dennoch griffig!" liefert Hans Geilert die Kurzbeschreibung.

Er ist der Seniorchef im „Erlbacher Brauhaus", der Privatbrauerei mit fast 500jähriger Tradition.

Einst hatten die Herren von Thoß das Sagen im Ländle, und nach einer Erb-Regelung musste sich einer von drei Brüdern im 16. Jahrhundert ein neues Rittergut bauen, was er gründlich tat – er lies 1563 nämlich gleich eine Brauerei mit errichten. Diese wurde ab dem 19. Jahrhundert verpachtet und 1890 gar verkauft, war seitdem Privatbrauerei. Das ging über die Kriegszeiten hinweg so weiter, bis ab 1950 behördlich angeordnete Umstrukturierungen und Verstaatlichung den Niedergang brachten – 1974 war zunächst Schluss.

Ab Mitte der 1990er Jahre baute Familie Geilert die alte Brauerei zum Erlebnisgasthof mit Schau-Braustübel aus. Nach Installation der technischen Gerätschaften gab es 1998 vier Probesude. Die Charge Nummer 3 machte dabei das sprichwörtliche Rennen. Sie lieferte das Bier, was den Geilerts und allen Beteiligten am besten schmeckte – und was ihrer Ansicht nach „typisch vogtländisch" war.

Die Sudanlage sowie die Gär- und Lagertanks hat man in dem Schaubrauhaus gleich neben dem Gastraum installiert, so dass man dem Wirt am Tresen quasi hinter die Schultern blicken kann. Außerdem ist man olfaktorisch immer mit von der Partie: Wenn Juniorchef Stefan Weiske den

Blick über den Tresen zum Sudhaus mit dem Juniorchef Stefan Weiske.

Sud auf Temperatur bringt, legt sich ein dichter Geruchsteppich von Malz- und Hopfenaromen über das Lokal.

Zurück zur Begrifflichkeit „vogtländisches Bier". Diese Betonung kann wohl nur so recht nachvollziehen, wer sich noch einmal die geografische Lage Erlbachs ins Gedächtnis ruft. Das Dorf grenzt fast an Tschechien, doch auch nach Bayern ist es nicht weit – und in beiden Regionen weiß man seit langem Biere eigener Charakteristik zu brauen – üppig vollmundig mögen es die Böhmen, leichter und fruchtiger – eben obergärig – kommt es Bayern auf die Schanktische. Dagegen nun stemmt sich Erlbacher mit etwas kräftigerer Hopfennote und goldiger Farbe. Wichtiges Kriterium: Das Zwickel- Bräu ist, wenn man so will, „gasgebremst". Es bleibt naturbelassen und ungefiltert. Der relativ geringe Anteil von Kohlendioxid bewirkt, dass dieses Bier zwar erfrischend prickelt, sich aber angenehm im Mund entfaltet und nicht „explodiert", wie man das bei großindustriellen Marken manchmal erlebt. Weitere Besonderheit: Erlbacher Bräu wird für den Einzelhandel in die beliebten Bügelverschlussflaschen gefüllt. Nun kennen wir also ein paar Geheimnisse des Erlbacher Brauhauses. Und weil das Lokal eine ausgewiesene Schau-Brauerei ist, kann man als Gast zu beinah jeder Zeit hier anklopfen. Die Fahrt in den Süden lohnt sich auch deshalb, weil das Attribut „bodenständig" nicht nur fürs Bier gilt, von dem man bei Geilerts vier Sorten herstellt, sondern auch für die Küche des Lokals, in der eine zünftige „Biersuppe" ebenso zubereitet wird wie „Mälzerschnitzel (vom Schwein, mit Malzpanade) oder speziell gebeiztes „Bierfleisch".

Das Sudhaus in Erlbach; Seniorchef Hans Geilert beim Probieren des Zwickelbiers.

Erlbacher Brauhaus,
Klingenthaler Straße 12
08265 Erlbach
Fon: 037422-6384
Internet: www.brauhaus-erlbach.de
Email: erlbacher-brauhaus@t-online.de

Sortiment: „Zwickel hell", „Schwarze Seele",
Hefeweizen, „Stefansbock", Bierlikör, konfek-
tioniert jeweils in Bügelverschlussflaschen,
außerdem Siphonabfüllung,
Partyfässer für 5, 15, 30 und 50 Liter
Hausverkauf im „Dorfladen" – der erklärten
„Kommunikationszentrale" des Dorfes.
Geöffnet Mo. + Mi. von 8-13 Uhr, Die.+ Do. 8-13
/ 15-18 Uhr, Fr. 8-18 Uhr, Sa. 7-11 Uhr
Im der warmen Jahreszeit Biergartenbetrieb.

Veranstaltungen:
- jährlich am 23. April Sonderführungen und
  Verkostungen im Brauhaus, jährlich Ende
  August „Hopfenfest" auf dem Brauereigelände,
  Ende Oktober „Erlbacher Kirwe" (Festzelt)
- Führungen für 2 Euro pro Person ohne Verkostung, 6 Euro mit Verkostung
- Brau-Seminare mit Überreichung eines Dip-
  loms (nach Voranmeldung)
- ab 20 Personen intensive Führung und anschließender Brauerschmaus (nach Voranmeldung)

Sehenswürdigkeiten der Umgebung:
Musikinstrumenten-Museum Markneukir-
chen (5 km), Miniatur-Schauanlage „Kleines
Vogtland" Adorf (10 km, von Mai bis Oktober),

Harmonikamuseum Zwota (13 km), Stadt Klingenthal (jährlich im Mai Internationaler Akkor-
deonwettbewerb – 15 km)

*Im Brauereimuseum des Gasthofs Erlbach ist eine
historischen Abfüllanlage zu sehen.*

BIERLEGENDE SEIT GENERATIONEN

BRAUEREI WERNESGRÜN

Beinah wie eine historisierte, spätmittelalterliche Burganlage erhebt sich die Brauerei Wernesgrün im gleichnamigen Ort, direkt an der Bundesstraße 169 von Plauen nach Aue. Verwaltungsgebäude mit Türmchen, Hofportal, Sudhaus – alles aus gelben und roten Ziegelsteinen gemauert – sind eine unübersehbare bauliche Dominanz gegenüber sonst eher dezent gehaltenen Häusern in der Vogtlandgemeinde. 1436 gegründet, konnte diese „Bier-Schmiede" allen Stürmen der Jahrhunderte trotzen. Und heute gehört sie zu den größten Premium-Brauereien Deutschlands.

Was umso bemerkenswerter ist, als das Haus nicht nur mehrere Kriegszeiten, sondern auch Wirtschaftskrise, Inflation und 40 Jahre sozialistischer Plan- und Mangelwirtschaft überstehen musste. Kuriosum dabei: Der seit 1996 in allen Werbekampagnen geführte, märchenhaft klingende Zusatz „Pilslegende" soll auf das legendäre Grenzquell-Pilsener aus den 1920er und 30er Jahren zurück gehen. Legendär war das Pils aber auch zu DDR-Zeiten. Denn ein Bier, das man einerseits nur selten im Laden kaufen konnte, welches andererseits aber sprichwörtlich „flüssiges Gold" war (nicht wenige cofinanzierten damit einst Handwerker für den privaten Häuslebau ebenso wie die Beschaffung eines Trabants), musste in einem System von lauter Mangelerscheinungen ja geradezu legendär werden. Zumal man Wernesgrüner Bier allzeit für seine Qualität hoch lobte. Was einerseits dem Wasser der Region, es kommt aus der Talsperre Eibenstock, zu Gute zu halten ist. Andererseits verfügt man in Wernesgrün über die Erfahrung mehrerer Brauer-Generationen – was der zweite Grund für den gesamtdeutschen Erfolg der Pils-Legende sein dürfte. Dass damit, neben Radeberger, ein weiteres sehr populäres Bier aus dem Freistaat im Osten kommt, wird die Sachsen besonders stolz machen.

Doch Wernesgrüner ist nicht nur ein Reiz für Gaumen, Nase und Augen. Hier kann man sich als Besucher auch von den sprichwörtlichen Musen küssen lassen. Denn sowohl die Brauschenke als auch die angeschlossene „Alte Schmiede im Saustall" sowie die „Bier-Tenne" sind für Feste vielerlei Ausrichtung konzipiert: zu Sommernachtskonzerten wird Abwechslungsreiches angeboten, wobei natürlich die regelmäßigen Rock- bzw. Popkonzerte sowie die vom MDR produzierte „Wernesgrüner Musikantenschenke" als absolute Höhepunkte gelten. Und dass auch Peter Maffay hier „Stammgast" ist, hat sich

Falk Schnabel bei der optischen Kontrolle des Maischens in Wernesgrün.

Die eindrucksvolle Abfüllerei der Wernesgrüner Brauerei.

in Fankreisen längst herum gesprochen – er ist mit seiner Band schon mehrfach in Wernesgrün aufgetreten.

Doch egal ob Gitarren-Riffs, Zitherklang, Bläsersätze oder humoristische Kabinett-Stückchen – eins ist immer mit von der Partie: Wernesgrüner Bier. Wobei anzumerken ist, dass das Sortiment aus drei Marken besteht: Die „Wernesgrüner Pilslegende" ist unangefochten die Stammmarke des Hauses, gefolgt vom „Alkoholfrei" sowie der citrusbetonten Fruchtversion eines leichten Bier-Limetten-Mixes.

Wer kontinuierlich Bier in tausenden von Hektolitern herstellt, der leistet sich eine eigene Hefezucht: Im Wernesgrüner Labor „füttern" die Biochemiker zunächst kleine Quantitäten von Hefestämmen – in der bayerischen Firma Weihenstephan eigens für Wernesgrün gezüchtet – mit Würze, und vermehren auf diese Weise einen der wichtigsten Rohstoffe für den Brauprozess selbst. In den stählernen Gärtanks machen sich diese Hefen dann über den im Sud gelösten Gerstenzucker her, welchen sie in Alkohol umwandeln. Nach der Gär- und Reifezeit pumpen die hiesigen Brauer das noch naturtrübe Bier durch Rohrleitungen über die Straße hinweg in den gegenüberliegenden Betriebsteil, der übrigens bis 1945 eine eigenständige zweite Brauerei im Ort war („Grenzquell"). Auf diesem Areal befinden sich heute u.a. Filtration, Abfüllung und Flaschenkeller. Im Rahmen einer Brauereiführung kommt jeder Besucher daran vorbei, bevor es zur Verkostung in die Alte Schmiede geht...

PS: Im Wernesgrüner Shop auf dem Brauerei-Areal sollen sich angeblich sogar Männer fürs

Einkaufen interessieren. Dort ist nach Unternehmensangaben „alles im grünen Bereich". Geöffnet ist von Montag bis Donnerstag 10 – 17 Uhr, freitags 10 – 16 Uhr.

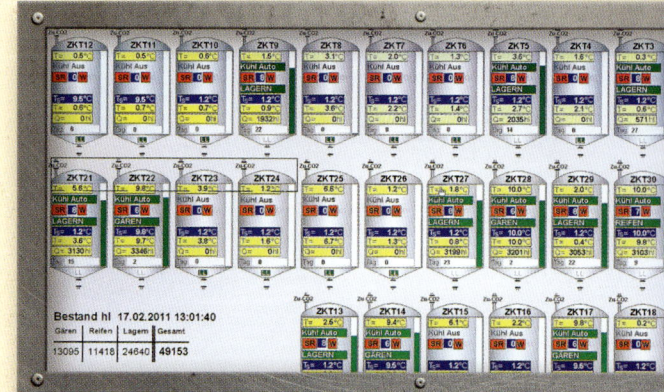

oben: Blick auf einen der Kontrollmonitore des Kellermeisters, der vom Computer aus alle Prozesse steuern kann.
unten: Uwe Schramm, Biersieder, im Sudhaus.

Wernesgrüner Brauerei GmbH

Bergstraße 4, 08237 Wernesgrün
Fon: 037462-610
Internet: www.wernesgruener.de
Email: info@wernesgruener.de

Führungen:

Gutshof-Führungen mit Besichtigung von Biertenne, Schmiede im Saustall, Pferdeställe und Verkostung von Montag bis Donnerstag, 9-16 Uhr, Freitag 9-11 Uhr. Preis pro Person 5 Euro
Jeden Mittwoch „Abendliche Brauerei-Führungen" in drei Varianten: Bier-Paket für 7 Euro, Snack-Paket für 9 Euro, Genießer-Paket für 15 Euro

Anmeldung via Email oder telefonisch unter 037462-617264
Regelmäßig Live-Konzerte oder Kabarett in der Biertenne – siehe Veranstaltungskalender auf der Internetseite der Brauerei. Dort sind auch die aktuellen Termine von „Wernesgrüner on Tour" zu finden.

Sehenswürdigkeiten in der Umgebung:

Schlossturm mit Aussichtsplattform (179 Stufen) in der Drei-Türme-Stadt Auerbach – 10 km; private große Eisenbahnausstellung bei Eberhard Gütter in Auerbach, Feldstraße 27 – 10 km; Märchenpark Plohn – ca. 8 km; Schmalspurbahn Schönheide – ca. 10 km; Talsperre Eibenstock – ca. 15 km

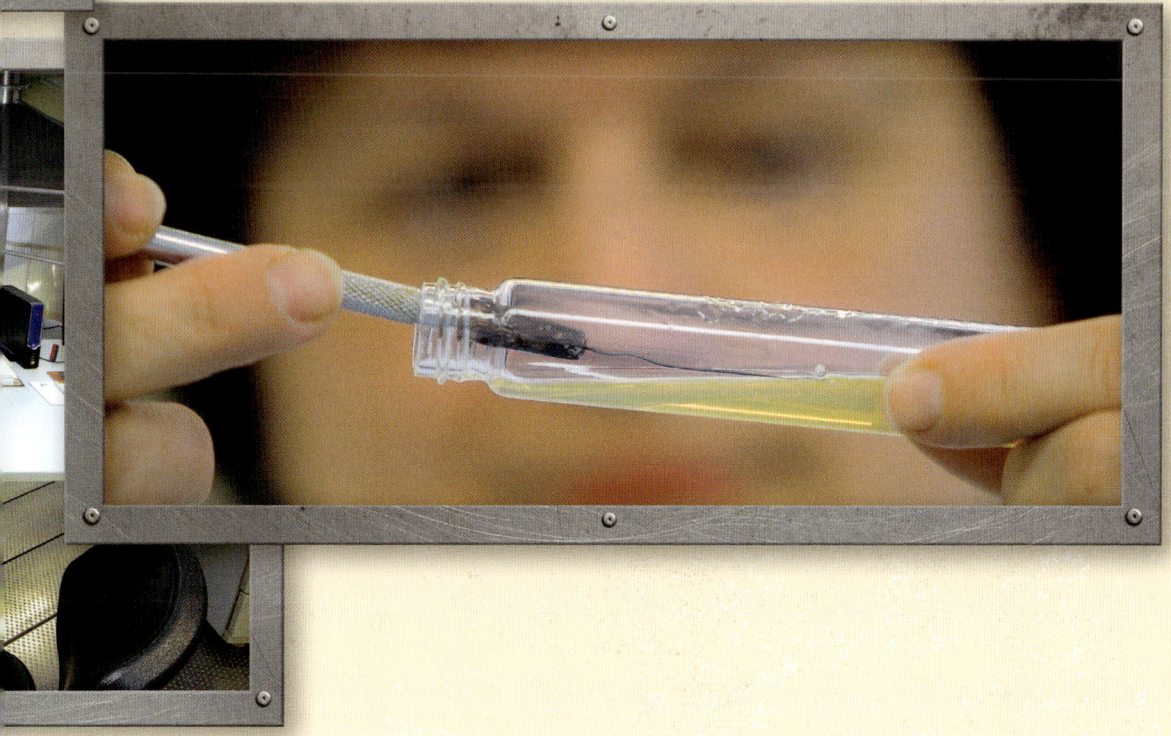

Petra Thoß, Laborantin, bei der Nachzucht und Vervielfältigung der hauseigenen Hefen.

Im Gärkeller von Wernesgrün. In den Spitzen unten setzt sich die Hefe des untergärigen Bieres ab.

Ein Bier im Namen des Schutzpatrons

Mauritius-Brauerei Zwickau

Fliegt man mit einem der Zwickauer Kleinflugzeuge in zweihundert Metern Höhe über die Stadt, dann bleibt der Blick nach dem prunkvollen Schloss Osterstein an einem Ensemble mit auffälliger Struktur hängen: Hinter drei weißen Häusern mit roten Ziegeldächern – sie sind denkmalgeschützt – steht eine große Batterie moosgrüner Zylinder. Vor dem Grundstück verlaufen die Gleise der Zwickauer Straßenbahn, noch weiter links windet sich das blaue Band der Mulde durchs Areal. Zylinder und Häuser gehören zur Zwickauer Mauritius-Brauerei, einem mittelständischen, privat geführten Brauhaus, das von der heutigen Geschäftsführung 2006 aus dem Inbev-Konzern heraus gekauft wurde.

Die Geschichte des Brauens in Zwickau ist lang – bereits im 14. Jahrhundet gab es hier 250 Privathäuser mit Braurecht, und auf einem Feld hinterm Schwanenteich wurde um 1700 sogar Hopfen angebaut. Davon ist heute zwar nichts mehr zu sehen, doch die Tradition des Bier-Brauens ist nach wie vor lebendig. Davon zeugen so klangvolle Markennamen wie „Mauritius Urtyp Export", „Hopfenkrone" oder „Schwarzes Gold".

Eine DDR-typische Anekdote aus den 1960er Jahren verhalf der einstigen „Volkseigenen Vereinsbrauerei" nach der deutschen Einheit und der damaligen Übernahme durch die Stuttgarter Dinkelacker Schwabenbräu AG zu ihrem heutigen Namen: Der schwarzhäutige Mauritius ist Schutzpatron von Zwickau. Und anlässlich der 850-Jahr-Feier wurde 1968 ein helles Starkbier gebraut, dass den Mohr auf dem Etikett zeigte und nebenbei ein geschmacklicher Volltreffer war. Leider durfte es danach nie wieder hergestellt werden. Doch die Erinnerung blieb – und so wurde der Mauritius 1990 Namenspatron für das Haus an der Mulde.

Anja Kolbe ist bei Mauritius eine von zwei Braumeistern – und schlägt damit eine Bresche für Frauen in einem vielerorts von Männern ausgeübten Handwerk. Nicht nur das – sie selbst trinkt auch gern Bier; mag am liebsten „Helles Bock" und „Schwarzes Gold", versteht sich aber auch auf die Produktion von „Pils" und „Export". Und sie ist ein „Eigengewächs" der Zwickauer Brauerei, hat hier bis 1990 den Beruf des Brauers und Mälzers erlernt, danach Getränketechnologie studiert. Das Zwickauer Bier ist in vielen Lokalen der Stadt im Zapfhahn – am urigsten mag der Besuch der Vertragsgaststätte „Grünhainer Kapelle" in der Peter-Breuer-Straße ausfallen, deren mittelalterliches Gewölbe das rechte Ambiente für den Genuss eines Bieres mit

vorige Seite: Glasfenster im alten Sudhaus der Glückauf-Brauerei Gersdorf.

Braumeisterin Anja Kolbe in der Mauritius-Brauerei prüft das Jubiläumsbier „Hopfenkrone".

jahrhunderte langer Tradition abgeben dürfte. Last but not least verweisen die Muldestädter Bierbrauer gern auf die Statistik. Diese bestätigt ihnen nämlich, so die Marketingabteilung der Brauerei, dass „Mauritius Bock dunkel" Sachsens beliebtestes Bockbier ist – zuletzt bekannt gegeben im Dezember 2009.

◇

Mauritius Brauerei Zwickau GmbH
Talstraße 2, 08066 Zwickau, Telefon: 0375-49490, Internet: www.mauritius-brauerei.de

Sortiment: Mauritius Pilsner – herbfrisch, untergärig, 11,2 % Stammwürze; Mauritius Urtyp Export – untergärig, vollmundig herb, 12 % Stammwürze; Mauritius Bock Dunkel – untergärig, kraftvoll, würzig, 16 % Stammwürze; Mauritius Schwarzes Gold – untergärig, mild, malzig, 11 % Stammwürze; Mauritius Hopfenkrone – untergärig, Jubiläumsbier frisch-hopfig, 11,3 % Stammwürze

Brauereibesichtungen von Montag bis Donnerstag nach Anmeldung (telefonisch oder via Email info@mauritius-zwickau.de)

Sehenswürdigkeiten der Umgebung: Horchmuseum (Automobilbaugeschichte in Zwickau, 2 km), Bergwerksmuseum und Galerie (in Reinsdorf, 4 km), Schlossruine Hartenstein und Burg Stein (ca. 20 km)

Die Mauritius-Brauerei aus der Luft. Das Firmengelände liegt an der Zwickauer Mulde. Vorn das denkmalgeschützte Stammhaus, dahinter die nach 1990 aufgestellten Hochgärbehälter.

oben: Edelstahl und High Tech bestimmen heute das Bild einer modernen, industrieellen Brauerei.
unten: Hier muss der Kellermeister aufs Dach klettern: In den etwa 25 Meter hohen Gärbehältern
reifen Urtyp, Hopfenkrone und Schwarzes Gold.

„GLÜCK AUF"
MIT DOPPELTER BEDEUTUNG
GLÜCKAUF-BRAUEREI GERSDORF

Wenn man in Gersdorf „Glück Auf!" sagt, dann muss dies nicht zwangsläufig einfach nur ein Bergarbeitergruß sein, so wie man ihn in der Erzgebirgsregion nahezu überall hört. Zwar liegt das ehemalige Steinkohlenrevier Oeslnitz gleich um die Ecke, und die alte Tradition dieses Grußes wird auch hier hoch gehalten. Dennoch sind die zwei Worte gerade in Gersdorf von doppelter Bedeutung. Sagt man sie nämlich in Kneipen oder Restaurants des Ortes, dann bekommt man mit hoher Wahrscheinlichkeit ein Pils der Glückauf-Brauerei serviert.

Allerdings kann das auch noch im rund 15 Kilometer entfernten Zschocken geschehen, wenn man das dortige Restaurant „Gutshof" besucht – das Haus ist Vertragspartner der Glückauf-Brauerei und bietet neben der Hauptmarke „Pils" u.a. auch eine äußerst erfrischende Spezialität zum Trunk an: „Kräusenbier".

Mit dieser Sorte hat Renate Scheibner einen regionalen Hit gelandet. Das unfiltrierte Kellerbier, welches seine Bezeichnung jenen Schaumfetzen („Kräusen") verdankt, die sich beim Gärprozess auf dem Sud bilden, wird von immer mehr Menschen als dufte(nde) und leichte Erfrischung vor allem in der warmen Jahreszeit geschätzt. Renate Scheibner nimmt unter den sächsischen Bier-Brauern einen gewissen Sonderstatus ein. Sie ist nämlich die einzige Frau an der Spitze eines mittelständischen Unternehmens, fungiert als Geschäftsführerin der Glückauf Brauerei GmbH.

Als GmbH nahm die Gersdorfer Biergeschichte auch ihren Anfang. 1880 entstand in den Hallen einer ehemaligen Strumpffabrik die Brauerei von Richard Hübsch. Das Werk überlebte Krieg und Mangelwirtschaft; war in der DDR einer der wichtigen Bier-Lieferanten in Sachsen. Renate Scheibner übernahm gleich nach der politischen Wende die Leitung der Brauerei – und dirigiert sie bis heute, wobei das Sortiment unter ihrer Führung für die Größe einer mittelständischen Brauerei eine beachtliche Breite entwickelt hat. Neben Pils und „Glückauf Edel" gibt es „GB Prime", Edelpils, Bock, Deputatbier, Kräusenbier und Karl-May-Pils, außerdem gehört das hauseigene Radler zum Sortiment. Eine weitere Spezialität aus Gersdorf, das feinherbmalzige Schwarze, wurde in der Zeitschrift „Bier und Brauhaus" von Sylvia Kopp getestet, die dem „sehr gelungenen" Bräu zunächst „leichte Süße im Antrunk und kaffeeartige Röstnoten", dann „dezente Bittere" und schließlich „säuerlichen Biss" bescheinigt. Und zur Bockbiersaison 2010 dekorierte man das Gersdorfer dunkle Bock mit einem „European Beer Star" in Silber...

Alte Emaille-Werbeschilder für Gersdorfer Glückauf-Bier um 1890.

Schutzmarke

Glückauf
◆ Bier

Glück-auf=
Pilsner

Brauerei Glückauf, R. Hübsch
G.m.b.H.
Gersdorf Bez. Ch.

Den wohl schönsten und stimmungsvollsten Genuss des Glückauf Bieres dürfte man zweifellos im „Alten Sudhaus" auf dem Brauereigelände in Gersdorf erleben, wo man sich in einzigartigem, von handwerklicher Kunst geprägten Ambiente wortwörtlich sein „Glück" aufmachen kann. Allerdings ist gut beraten, wer sich dafür rechtzeitig anmeldet: Vor allem die Samstagabende sind in der Regel lange vorher ausgebucht.

◇

Glückauf Brauerei GmbH

Hauptstraße 176, 09355 Gersdorf
Telefon: 037203-9100,
Internet: www.glueckaufbiere.de
E-Mail: service@glueckaufbiere.de

Individuelle Brauereibesichtigungen jeden Dienstag 13 Uhr ohne Anmeldung. Gruppenführungen sowie geplante Besichtigungen an anderen Tagen und an den Wochenenden müssen angemeldet werden.

Immer am ersten April-Sonntag des Jahres findet eine „Glückauf-Wanderung" zum Glückauf-Turm auf die ehemalige Deutschlandschachthalde in Oelsnitz statt – in Gersdorf startet die Tour um 9.30 Uhr auf der so genannten Kaisergrube. Der „Tag des Deutschen Bieres" wird jährlich am Sonntag nach dem 23. April mit einem feucht-spritzigen Frühschoppen auf dem Brauereigelände begangen. Im Juni eines jeden Jahres lädt man zum Gersdorfer Brauereifest ein.

Ausflugsziele in der Nähe:

Steinkohlen-Bergbaumuseum in Oelsnitz (10 km), Miniwelt in Lichtenstein (15 km), Daetz-Zentrum in Lichtenstein (15 km)

Historische Brauereiutensilien geben im alten Sudhaus einen dekorativen Wandschmuck ab.

Das alte Sudhaus ist heute ein Traditionsraum, in dem die Deckel von alten Sud- und Läuterpfannen belassen wurden und den Rahmen für gemütliche Stunden beim Bier abgeben.

Geistige Getränke in den Priesterhäusern

Brauhaus Zwickau

Es gibt in Zwickau wohl keine passendere Stätte für den Genuss geistiger Getränke als gerade die „Priesterhäuser". Das historische Gebäudeensemble im Herzen der Stadt ist der älteste noch erhaltene Wohnhaus-Verbund Deutschlands und war im Mittelalter Lebensstätte u.a. für die Konrektoren der Zwickauer Lateinschule sowie für die Würdenträger der hohen Geistlichkeit, ferner für Glöckner sowie Organisten – in direktem Sichtkontakt zur Zwickauer Hauptkirche, die heute „Dom Sankt Marien" heist.

Sie stehen unter Denkmalschutz, wurden bis 1977 noch regulär zu Wohnzwecken vermietet, jedoch erst ab 1994 umfangreich saniert und wieder aufgebaut. Mit dem Ergebnis, dass die „Priesterhäuser" seit 2002 als wunderschön restauriertes, mittelalterliches Ensemble den Stadtkern verschönern und zugleich Heimstatt geworden sind für ein Museum, eine Tagungsstätte und ein Restaurant. Da Zwickau aber von alters her eine Bier-Stadt war (um 1350 gab es in der Stadt 243 brauberechtigte Häuser!) lag der Gedanke nah, in dem Gemäuer zusätzlich zum Restaurant gleich noch eine Hausbrauerei zu installieren.

Tatsächlich hätte der verwinkelten Kneipe gar nichts Besseres passieren können. Denn die Schauanlage mit Maischekessel und kupferner Sudpfanne ist nicht nur optisch ein ungemein attraktiver Blickfang. Auch die daraus entweichende, würzige Sud-Luft verschafft dem Lokal erst die rechte Atmosphäre.

Es gibt mehrere Möglichkeiten, in den Priesterhäusern frisch gebrauten Gerstentrunk zu genießen. Die urigste Variante ist sicher diese: Man reserviert den „Schanktisch" im Voraus, bestellt die gewünschte Biersorte dazu, lädt sich gute Freunde ein und zapft das Bier für diese Runde einen Abend lang selbst. Das funktioniert mittels eingebauter Technik, weil das Fass in die Mittelsäule des Tisches eingesetzt wird und der Hahn oben aus der Tischplatte ragt.

Frank Schumann, der sich ohne „h" schreibt wie der berühmte Zwickauer Komponist, ist Braumeister in den Priesterhäusern und sorgt dort tagein, tagaus für kontinuierlichen Nachschub des flüssigen Goldes an der Theke. Sein Grundsortiment entspricht im Wesentlichen dem der meisten kleineren Hausbrauereien. Er macht Helles nach Pilsener Art und Schwarzes, auch Bockbier im Winter und ein fruchtig-leichtes Sommerbräu. Bei letzterem handelt es sich um Schumanns Lieblings-Komposition: eine Spielart des Zwickels, gebraut mit anderer Hefe, die

Braumeister Frank Schumann bei der Produktion von „Priester Hell".

Marcel Pohland zapft Priester Hell, hinten Frank Schumann in den urigen Gasträumen der Priesterhäuser.

Frank Schumann im Gärkeller.

ein fruchtiges Bier mit relativ niedrigem Alkoholgehalt von gerade mal 3,3 Prozent erzeugt. Er empfiehlt es als mineralstoffhaltige Speise-Begleitung vor allem an schwülen oder heißen Tagen, wenn die Gäste im Biergarten schwitzen und jegliche Erfrischung zu schätzen wissen.

Wer die Priesterhäuser mit einer gewissen Entdeckerfreude durchstreift, der kommt beim Rundgang zwangsläufig in ein seitliches Gemach, wo er ein weiteres Kupfergefäß erblickt. Dieses hat mit Bier allerdings wenig zu tun. Oder nur insofern, als dass man welches hinein gibt statt heraus bekommt. Hier ist die „Veredlungsstation" des Priesterhaus-Bräus, hier wird der alkoholische Geist des Bieres mit Hitze ausgetrieben, durch Kühlschlangen zur Kondensation gebracht und am Ende in bauchigen Gefäßen eingefangen, damit man geistige Tropfen daraus machen kann – was wiederum zur eingangs erwähnten Geistlichkeit passt, die hier vor langer Zeit auch schon derartigen Genüssen zugetan war.

Der Priester-Schnaps ist eindeutigen Ursprungs: Ganz egal, ob er als Kräuterlikör, Priesterbitter, Priesterbrand oder brennendes Priesterfeurer (56% Alkohol) gereicht wird – stets schmeckt man die Anklänge von Malz und Hefe. Bei der Prozedur des „Geist Austreibens" kann man als Gast zusehen, wenngleich freilich die Destillation ein eher unspektakulärer Vorgang ist und man wesentlich weniger zu Gesicht bekommt als vergleichsweise beim Erhitzen des Sudes. Langweilig wird es in der Destillerie trotzdem nicht – das Servicepersonal kredenzt während der Wartezeit gerne, was Brauerei und Destillierblase, aber auch die Küche so alles hergeben.

---◇---

1. Zwickauer Gasthausbrauerei & Brennerei,
Peter-Breuer-Straße 12-20, 08056 Zwickau
Telefon: 0375-3032032
Internet: www.brauhaus-zwickau.de
Email: info@brauhaus-zwickau.de

Sortiment:
„Priesterhell" und „Priesterdunkel" – beide jeweils 5,4 % Alkohol; „Priesterhefe" – ein obergäriges Weißbier mit 5 % Alkohol; saisonal erhältlich: „Priesterbock", Festbier

Veranstaltungen:
- mehrmals pro Monat Brunch, Party oder Livemusik (Freitag, Samstag, Feiertag) – Termine werden aktuell auf der Internetseite bekannt gegeben
- vom 2. - 4. September 2011 Brauhausfest zum zehnjährigen Jubiläum

Sehenswürdigkeiten der Umgebung:
- Museum Priesterhäuser (didaktisch toll aufbereitete Stadtgeschichte, im Gebäudekomplex)
- Domhofgalerie (wechselnde Kunstausstellungen, im Gebäude gegenüber)
- Ratsschulbibliothek – unbedingt mit Führung von Direktor Lutz Mahnke (spannender und sehr humoristischer Ausflug in die Literaturgeschichte von Zwickau, 1 km) nach Voranmeldung: 0375-834200

Destillierblase für den Priester-Brand,
ein Schnaps aus Bier.

BIERLEXIKON

Deutsches Reinheitsgebot:

Legt fest, dass zur Herstellung von Bier ausschließlich Wasser, Malz, Hopfen und Hefe verwendet werden dürfen und sichert damit die hohe Qualität des deutschen Bieres. Verkündet wurde das Reinheitsgebot am 23. April 1516 vom bayrischen Herzog Wilhelm IV. vor dem Landständetag in Ingolstadt. Es gilt als die älteste fast unveränderte und bis heute gültige lebensmittelrechtliche Vorschrift der Welt. Dies wird jährlich am 23. April mit dem „Tag des Deutschen Bieres" gefeiert.

Hopfen und Malz:

Gott erhalts! Hopfen und Malz sind neben Wasser und Hefe zwei der vier laut Reinheitsgebot erlaubten Grundstoffe zum Brauen. Hopfen ist der natürliche Rohstoff des Bieres, der dem Bier u. a. Haltbarkeit, Schaumstabilität und seinen herbbitteren Geschmack verleiht. Je nach gewünschter Biersorte werden verschiedene Hopfensorten benutzt, die in Aroma- und Bitterhopfen unterschieden werden. Malz wird durch das Keimen und Quellen von Weizen, Gerste, Roggen oder Dinkel gewonnen. Verwendet wird es zum Destillieren alkoholischer Getränke und beim Brauen des Bieres. Aufgrund seines hohen Protein- und Kohlenhydratgehalts erhöht das Malz den Nährwert des Bieres.

Kräusen:

Der Begriff „Kräusen" bezeichnet die im Stadium der Hauptgärung befindliche aufschäumende Bierwürze. Kräusen wird das Schaumbild auf der gärenden Bierwürze, das krausem Haar gleicht, genannt. Verantwortlich dafür ist Kohlensäure, die bei der Gärung entsteht.

Läuterbottich:

Nach dem Maischen werden das Wasser (hier befinden sich die aus dem Malz herausgelösten Extrakte) und die festen Malzreste (Treber) getrennt. Dieser Vorgang nennt sich „Läutern" und geschieht im Läuterbottich.

Maische:

Maische ist ein Gemisch aus Brauwasser und Malzschrot. In der Regel wird Gerste als das eingeweichte Getreide genutzt.

obergärig:

Die Bezeichnung „obergärig" leitet sich von der Eigenschaft der Hefestämme ab, die am Ende der

Gärung in den früher meist verwendeten offenen Bottichen oben schwimmen. Die sich an der Oberfläche sammelnde Hefe konnte dann abgehoben und geerntet werden. Diese Gärmethode ist die älteste Vergärungsart, denn bis zur Erfindung der Kältemaschine 1873 durch Carl von Linde war sie am leichtesten. Hier erfolgt die Gärung meist zwischen 15 und 29 Grad Celsius. Weizen, Kölsch, Alt und Berliner Weiße gehören zu den obergärigen Bieren.

Pilsner:

Pilsner ist ein hell-goldfarbenes Bier mit starkem Hopfengeschmack und feinsahnigem Schaum, mit einem Stammwürzegehalt von mindestens 11 Prozent und einem Alkoholgehalt von ca. 4,8 Prozent. Knapp eine Woche bei Temperaturen zwischen 4 bis 9 Grad Celsius wird Pilsner gebraut. Erstmals ausgeschenkt wurde es vom bayrischen Braumeister Josef Groll am Martinstag 1842. Vor mehr als 150 Jahren zuerst in Pilsen systematisch gebraut, verbreitete sich das untergärige Vollbier in der gesamten Bundesrepublik. Das beliebte Pils-Bier macht mittlerweile rund zwei Drittel der getrunkenen Biere aus.

Roggenbier:

Das aus Roggenmalz gebraute Roggenbier ist ein sehr dunkles Bier, hat einen dunklen Schaum und ist etwas trüb. Zur Herstellung des Bieres wird der Roggen als Stärkelieferant für die alkoholische Gärung eingesetzt. Früher wurde das obergärige Bier weit verbreitet gebraut. Mit der Einführung des Reinheitsgebotes wurde das Brauen des Bieres zunächst eingestellt, weil der Roggen dringender für die Brotherstellung ge-

braucht wurde. Das Roggenbier hat eine gewisse Ähnlichkeit mit dunklem Weizenbier, ist jedoch trüber und verfügt über deutliche Fruchtnoten, geschmacklich ist es etwas säuerlicher.

Stammwürze:

... nennt man den den Anteil der aus dem Malz gelösten Stoffe in der noch unvergorenen Würze. Dazu gehören Malzzucker, Eiweiß, Vitamine und Mineralien. Daraus entsteht bei der Gärung mit Hilfe der Hefe etwa ein Drittel Alkohol und ein Drittel Kohlensäure. Ein weiteres Drittel Restextrakt bleibt unvergoren. Je höher der Stammwürzegehalt, desto stärker also das Bier. Die meisten Biere in Deutschland haben einen Stammwürzegehalt zwischen 11 und 14 Prozent. Der Alkoholgehalt liegt zwischen 4,5 und 5,5 Prozent. Nach dem Stammwürzegehalt werden Biere in verschiedene Gattungen unterteilt: sogenannte Einfachbiere (bis 7 % Stammwürze), Schankbiere (7 bis unter 11 % Stammwürze), Vollbiere (11 bis unter 16 % Stammwürze) und Starkbiere (mehr als 16 % Stammwürze).

Sudpfanne:

In der Sudpfanne oder auch Würzepfanne wird die Würze bis zum Sieden erhitzt. Ziel des Verfahrens ist die Sterilisation, Eiweißfällung, Hopfenlösung, Austreibung aromaintensiver Substanzen und die Einstellung des gewünschten Stammwürzegehalts.

Treber:

Die nach dem Abläutern im Läuterbottich verbleibenden unlöslichen Malzreststoffe werden „Treber" genannt. Diese ausgelaugten Rückstände des Malzes bei der Bierherstellung dienen als wertvolles Viehfutter wegen ihres Eiweiß- und Ballaststoffgehaltes oder werden als Backzutat benutzt.

untergärig:

Im Gegensatz zur obergärigen Hefe benötigt untergärige Hefe niedrigere Temperaturen und setzt sich nach der Gärung im „Jungbier" am Boden des Gärbottichs ab. Früher war das Brauen untergäriger Biere nur möglich, wenn im Winter genügend Eis geschlagen werden konnte, um während der gesamten Gärung ausreichende Kühlung zu gewährleisten. Als Carl von Linde 1873 die Kältemaschine erfand, begann der Siegeszug dieses Bieres. Pils, Export, Märzen, Helles und Lager zählen zu den untergärigen Bieren.

Weizenbier:

Weizenbier oder Weißbier (Südbayern) ist ein Vollbier mit etwa 5,4 Prozent Alkoholgehalt. Das obergärige Bier muss in Deutschland aus mindestens 50 Prozent Weizenmehlanteil bestehen. Zusammen mit dem Gerstenmalz gebraut, erfolgt oft noch eine Nachgärung in der Flasche. Das spritzige und kohlensäurehaltige Bier mit seinem fruchtigen und würzigen Geschmack (die Stammwürze liegt meist zwischen 11 und 14 Prozent) gibt es hefetrüb und kristallklar, hell und dunkel, als Bock oder Doppelbock und in einer alkoholfreien sowie leichteren Variante. Seit 1602 besaß Bayern das Weizenbiermonopol. Zum Schutz dieser Einnahmequelle wurde allen anderen Brauern das Weizenbierbrauen verboten. Erst Mitte des 18. Jahrhunderts wurde das Weizenbierprivileg aufgehoben. Das Bier verbreitete sich, aus dem Süden kommend, immer weiter gen Norden und erfreut sich auch dort immer größerer Beliebtheit. Weitere Bezeichnungen für das kühle Sommerbier sind Weizen, Weißes und Weiße, daneben gibt es noch Hefeweizen, Hefe und Kristallweizen.

Zwickel:

Zapfvorrichtung im Lagertank der Brauereien. Am Zwickel entnimmt der Brauermeister Proben des reifenden Bieres.

Zwickelbier:

Zwickelbier wird oft auch Kellerbier genannt, ist ein ungefiltertes naturtrübes Bier. Ursprünglich war damit die vor dem Filtern mit dem „Zwickelhahn" vom Fass entnommene Probe gemeint.